Unique

Unique

별 다섯 개 부탁드려요!

21세기 신인류,
플랫폼 노동자들의 '별점인생' 이야기

滿意的話，請給我五顆星！

零工經濟時代，
外送宅配、寵物保姆、清潔打掃、外包接案，
10個你不知道的平台勞動者困境與難題

柳慶鉉、俞秀珍　著
游芯歆——譯

目錄

CONTENTS

各界推薦

隨著科技發展和疫情衝擊，很多人的生活型態從此改變。越來越多人透過平台購買外送的食物、透過電商下單各式各樣的必需品、甚至居家清潔服務也取代了每年過年前的大掃除。另外一邊，很多人思考著與其在企業裡領取勉強高於法定最低工資的月薪，加入零工經濟可能還自由一點。但零工經濟的優點和缺點是什麼？這本書裡的每一個生動故事，就像開了一扇窗，讓我們有更多更深入的認識和理解……

——**萬惡的人力資源主管**（作家）

此書是一本深入探討零工經濟的優秀書籍。從外送員的工作情況到平台的營運模式，都提供了非常真實的分析和資訊。它探討了外送員與平台的勞動定位和權益保障，以及揭示了平台透過AI系統演算法，比過往傳統勞動關係對司機進行更高壓的監控與管理。此外，書中還討論了外送服務對社會的影響，提供了對新興行業和勞動模式的思考。此書將為讀者帶來豐富的知識和啟示，並對想更一步了解零工經濟的朋友有所助益，祝願本書對您有所裨益，一起看清平台經濟的真實面貌。

——**陳昱安**（全國外送產業工會理事長）

隨著時代變遷，工作崗位的型態也自然而然發生變化。然而不變的是，工作的核心在於人，而這個人有可能是我們的家人、朋友或鄰居。對某些人來說，平台提供了機會；對某些人來說，平台則是慘烈的競爭。聽著他們的親身經歷，我深感責任重大，想改善平台工作者的生活。當務之急是企業、勞工、消費者需要共同成長。從今天開始，在我們眼中，透過平台遇見的人將會有新的面貌。

——**鄭雲燦**（정운찬），首爾大學名譽教授、共同成長研究所理事長

星級評價是人造星星，是平台業者為了掌控合約上名為自由工作者的外包勞工所創造的。在華麗的人造星星之間，勞工反而顯得不起眼。本書生動地描述了他們的故事，也將這些光芒微弱的勞工帶到我們眼前。我一邊思索這些該閃閃發亮的存在是什麼人，也一邊推薦大家一起閱讀這本書。

——**朴正勳**（音譯，박정훈），Rider Union 主席

推薦序

爲了生存，你願意付出多少努力？

統統

在我近期的節目中，我是這樣形容南韓的：「有經濟成長的骨架，卻沒有血液循環系統」。

一九九七年南韓發生金融危機，國家近乎破產。為了活下去，他們忍辱地向國際貨幣基金組織（International Monetary Fund, IMF）借錢。從一九九〇年到金融危機發生前，國內生產毛額（Gross domestic product,

GDP）增長率都維持近一〇%，在一九九八年突然落地降到負五・一%。為了洗刷恥辱，全南韓人民都想著以最快的速度將IMF欠債一・四億美元還清。最後，他們在二〇〇一年比預定計畫提前了兩年八個月清償債務。

乍看之下，這項創舉展現出南韓快速地發展經濟，實際上卻是過度實行資本主義及揠苗助長。這樣在短時間賺取大量外匯，對韓國有什麼影響呢？先從韓國產業政策來看，當時為了加快科技發展，舉國上下傾全部之力讓一間公司壯大，電子消費產品有三星（Samsung），基建和造車有現代（Hyundai），記憶體有海力士（SK hynix Inc.）。

其中，以我們較熟知的三星電子為例。截至二〇二一年，其總收入就占南韓GDP的一八・三%，同年十大財閥營收占南韓GDP的五八・三%。其中，南韓前四大財團：三星、現代、海力士、樂金（LG）的比重更高達四八・五%。

誇張的現象是，韓國十大財閥就占掉了一個國家的六成經濟，剩下的四成則是國內將近七百三十萬家中小企業分食經濟成果，而這些中小企業的就業人口占了全韓國高達八成。換句話說，只要考上好大學，前進大財閥的機率就會比其他大學高出很多，但如果是一般的高中畢業技職生，在社會上幾乎沒有好的工作任你挑選，甚至連被挑選的門檻都很難達到。

所以我們可以知道，進入大公司代表高收入，反觀中小企業薪資水準跟不上財閥，還時常伴隨著不亞於大企業的高度壓力，讓很多人升起自己當老闆的念頭。所幸，隨著科技發展平台經濟興起，我們現在習慣的美食外送、接送服務、寵物照護、甚至是專業教學，供需方都可以在應用程式APP上完成配對，大幅增加就業機會。

誰能看見平台工作者的委屈？

科技走進了人們的消費習慣，但我們真的知道平台跟承攬者如何合作嗎？去掉繁雜的交際及人脈，取而代之的是實質專業度、個人品牌建立及無數的競爭者。讀完本書後，書裡提到南韓的家事服務讓我最感同身受。

幾年前，我曾經在日本打工度假一年，當時的工作是 Airbnb 清潔。與書中稍不一樣的地方在於，受雇者須靠管理公司承接清潔物件的案子，薪資則是論件計酬、打掃物件地點的遠近由管理公司統一安排。

對我來說，剛到日本、加上不諳日文，能獲得一份在市區的工作是相當難得的機會，所以我格外用心對待。但即便以這樣戰戰兢兢的心態工作，還是常常有意想不到的客訴發生。

有一次，在我忙完一整天後，收到管理公司的客訴：「客人把床墊拿起來，說床架的隙縫都沒有清理乾淨！」當下我跟管理公司說：「怎麼可能有人會把床墊搬起來清裡面的隙縫？」管理公司只冷冷地回了一句：「都要清。」最後，這件事怎麼處理的呢？我打掃那間微薄的清潔費被扣掉了，還被警告不能有下一次。

在異地孤立無援的我，只能繼續將委屈吞下，不管他們派的物件有多不合理，只能吞著委屈繼續做。比如說，明知你的住所在新宿，卻還是派給你靠近羽田機場的物件。

面對星級制度，沒有人是局外人

閱讀本書時，我將經驗中的管理公司換成APP，客人的直接評價轉變成平台的星級制度，客人不一的標準轉換成輕鬆的手指評分。當沒有制式的標準，每個人都變成跑步機上追逐紅蘿蔔的驢子，只能不斷奔跑。

我每次都會在自己的說書節目結尾說到：「如果喜歡我的節目，請給我五星好評！」說這句話的心態，多半是希望自己的努力能受到大家的肯定，但在自由工作者中，評價卻攸關生存。怎麼說呢？

因為APP上的星級影響著演算法。如果你是全職依靠此平台的接案過活的話，必須要討好你的雇主，因此通常只能做得比跟雇主議定的時數更多更完美。就像本書提到的家事案例，即便主角已經比約定時間多做了無薪加值服務約一到兩個小時，始終有被客人扣星的風險。一旦降到四．九顆星，除了接單頻率被系統調降，時薪也會受到實質影響。顧客滿意度相當高時，時薪最高可到八千韓元（約當台幣一百九十元）；反之，時薪最低會降至五千韓元（約當台幣一百一十九元），差距近乎兩倍。

為了在平台上生存，服務提供者無不用盡全力。

說來諷刺，我們希望隨著人工智慧（artificial intelligence, AI）發展，幫助人類減少工作。可是，等到AI真的開始透過演算法工作時，人們卻爭相為AI工作。

書中的例子，也許跟現在的你我沒有關係，但往後隨著自雇者的比率提升並漸漸遍布在我們生活周遭，有一天我們可能也會成為AI演算法的局內人。如何訂定合理的法規？如何監管這類型的商業模式，以維護使用者權益？我相信每個政府都應該努力。

（本文作者為《統統愛看書：書說社會》主持人）

推薦序

星級時代下，勞動力商品化的極致悲歌

邱羽凡

「職場消失的時代來臨?!」人工智慧、大數據、雲端運算等資通訊科技的崛起，將社會帶向網路、手機無所不在的數位時代，生活已無處不可「平台化」，消費者登入平台下單即可購買「真人」提供五花八門的服務，平台上的工作者盡所能讓自己看起來充滿吸引力，以便成功將自己兜售出去。

在平台資本主義竄出、蓬勃之際，正職工作型態逐一消失，平台營運模式解消了職場，多個論件計酬式的零工工作在演算法的拼湊下，取代一份典型的正職工作。職業沒有改變，但是改以「任務」為名登場，在「時間任選、工作量隨意」的自由接案包裝下，吸引了大量工作者投入平台。然而這句話的意思也等同本書作者所指出的——「有做有錢、沒做沒錢」。

勞動力再生產的成本在平台抹滅「受僱者」身分的策略上，被完美切割為工作者自負成本與風險的領域；再生產的成本被扭曲為投資費用，工作者只有在勞動力發揮功能時，才能被平台的程式感應到而取得存在感。在休息、用餐、睡眠等因各種原因無法工作的時間裡，工作者在平台上即被隱形化。平台上沒有病假、特休、產假，人不工作就不存在，勞動力在平台上被極致地商品化了！

星級評分，讓平台工作者有苦難言

本書作者以彷彿播放紀錄片般的筆法，先放送不同平台工作的實際運作畫面，再定格於其中的平台工作畫面上。配上如電影旁白的口吻，道出其觀察，讓讀者在當事人與旁觀者的兩種角色交替之中，一窺平台工作的真相。

除了一般較為人熟知的美食外送員、Uber 司機、生鮮雜貨宅配等平台工作外，作者將視野擴及寵物保姆、清潔打掃、代駕司機、自由插畫家、平台彩妝造型師、網路開發人員接案工作者等十個平台工作類型，而其中很多場景置換為台灣也毫無違和，因爲跨國平台企業以類似的方式，將經營觸角伸到全球各地，也包含台灣。

書中令人印象深刻的一個段落，是在 Baemin Rider 的機車外送員篇章中，作者描繪正勳在外送餐點時，父母當著子女的面，指著外送員說：

「不讀書就會變這樣。」

外送員在不知不覺間已淪落為社會「最低階」的情緒勞動者，但是外送員沒有情緒嗎？當然不是！外送員不會憤而「不爽不繼續」做嗎？當然有可能！但是，作者指出外送員在看似自由接案的表象下，時刻都在接受顧客的星級評價與餐後評論。這正是以星級制度為核心的AI演算法，操控了平台工作者的行為、制約他們情緒表現的機制。

「自由」工作者眞正的自由在哪裡？

作者生動地指出：「在機場待命的司機們就像棋盤上的『馬』，Lyft、Uber之類的共乘平台企業訂了象棋遊戲規則，也就是演算法，司機們也只能照章全收。」星級評價不夠高，平台工作者就會被下架，連讓自已成為商品的機會也沒有。於是在平台上工作——「沒有雇主，但有下指令的上司。」所以 Uber 司機在沒有人指使下，也會將車輛維持在最佳水準。所謂的「自由」工作者（Freelancer）根本不存在。

踏入這種「螞蟻地獄」的平台工作者，難以脫身。隨著資本主義發展而萌芽的現代勞動法制度，正是為了防止工作者的勞動力在商品化下，無法與勞動力分離的身分也被客體化，難以保有自主性與人性尊嚴，於是訂下了各種職業安全的法令做為界限。然而平台打破了這層保障，讓平台上的工作者也難以區辨自己自不自由，從而只能接受、或是無力抵抗平台冠以「承攬工作者」之名、行「去勞動法保護」之實的策略。作者更進一步指出，在平台工作者被拒絕承認為受僱者下，甚至連組織工會進行公平勞動條件談判，都可能被認為違反公平交易法。

《滿意的話，請給我五顆星！》已是在台灣出版關於韓國平台工作者的第二本書。讀者翻開此書，不僅是閱讀了十則平台工作者的人生故事，同時也看到了不同於平台企業在廣告中打造出來的平台工作樣貌。中文世界也能在這些字字句句深植於田野觀察的分析中，獲得對於數位平台工作的真實認識；也能區辨作者在書中一再討論平台工作者被不被承認為受僱者、只能困在星級評價下尋找存活空間的窘境。

或許妳/你會想起，曾有外送員或其他平台工作曾對妳/你說：「滿意的話，請給我五顆星！」相信看完此書，對於這句話背後隱藏的心酸、血淚，可以感同身受，也更能理解爭取平台工作者在法律上的受僱者身分，有多麼重要。很高興這本兼具社會觀察與社會分析的書籍在台灣出版，期待讀者能在閱讀此書後，回頭省思台灣對於平台星級制度照單全收，轉而埋頭於星級競爭、計件人生的個人主義式思考，翻轉僅是平台手上棋子的處境，找回工作者真正的自主與自由。

（本文作者為國立陽明交通大學科技法律學院副教授）

前言

擾人清夢的不是送報員，而是淩晨宅配司機

柳慶鉉

周六早上七點，手機提示音響起，這是昨晚訂購的食材和礦泉水送達門前的通知訊息。簡單地解決早餐，正想鬆一口氣的時候，門鈴響了，這次是每周準時上門的「四小時」平台居家清潔服務。等到打掃結束後，手機提示音又再次響起，要求顧客對清潔服務進行評價。下午六點，打開冰箱一看，沒有什麼適合晚餐的食材。於是點開美食外送APP，選擇星級評

分高的中華餐館，訂了一碗炸醬麵。隨著「五十分鐘內送達」的簡訊，美食外送員的星級評分也一目了然。放在門口的炸醬麵包裝裡，外送員還附贈了我根本沒有點購的煎餃，上面貼了一張手寫著「請給我五顆星」的便利貼。晚上十一點，睡覺前我才在挑選明天上午會用到的登山杖。我相信「火箭配送，保證明天凌晨送達」這句話，便在下單之後安心入睡。

現在是平台企業的資本主義時代，從早上睜開眼睛到晚上入睡之前，如果不使用平台業者的服務，我們連日常生活都過不下去。電視和報紙上連日來報導估值超過一兆韓元的「獨角獸（**譯註：Unicorn，指成立不到十年但企業價值超過十億美元，且股票未上市的科技創業公司**）」平台企業，介紹創業者的成功神話。從每年調查的「大學生最嚮往企業」來看，韓國國內數一數二的製造業大公司已將第一名的寶座讓給了平台企業。大家都在用、大家都羨慕的「平台企業成功神話」，將隨著第四次工業革命的時代潮流更快速擴散。但是，在這樣的成功神話背後，卻有著一群人被星級評分所掩蓋，至今都無法站在鎂光燈下得到應有的關注——那群人因我們在日常生活中每天面對的星級評分而或悲或喜，他們就是平台工作者。

平台上的另類追星族

KBS電視台的時事教養節目《Docu Insight》曾播出紀錄片《星級人生》。講述以APP、社群網站等數位平台為媒介，花了一年蒐集提供勞務賺取收入的各領域平台工作者故事。內容不僅探討平台業者所使用的「星級評分」制度，對平台工作者產生什麼影響，也希望能清楚地呈現他們所處的現實和遇到的困難。並根據外送、宅配、居家清潔服務、代駕等不同勞動型態，觀察他們在各自崗位上所感受到的問題，傾聽他們的聲音。

當初，我的腦中茫然地浮現「平台工作者，是否真能如業者廣告上寫的『時間任選，工作量隨意』『晴天時工作就像郊遊兜風』一樣，愉快地工作？」「平台企業所創造的工作安全嗎？」「這些人為什麼會投入平台工作？」等疑問，因此努力想找出答案來。幸好紀錄片《星級人生》被評價為「不同於注重宏觀展望和成功經驗談的第四次工業革命紀錄片，從勞工角度深入剖析平台的星級評分制度如何改變人類勞動」，並於二〇二〇年四月同時獲得「當月優良節目獎」和「當月導播獎」。

這本書講述了紀錄片《星級人生》中，揭露自身接案生活的勞動者幕後故事，以及節目播出後再採訪的其他平台工作者身上所發生的事情。現在，我這雙靠拍攝影片溫飽的手拿起的不是攝影機，而是筆。這絕對不是一件容易的事情。但是，有些平台工作者的赤裸故事難以用紀錄片表達，至少還能用文字記錄下來，這就足以成為我接受「出版」這個全新挑戰的理由了。

在籌備這本書的過程中，我再次觀看了過去一年以來所拍攝的平台工作者採訪影片。那時，他們所面臨的現實中，有很多我們來不及看到的問題，如今在新冠疫情下都有了新的詮釋。除了紀錄片中所報導的「星級評分」制度之外，還有諸如「論件計酬打零工」「一周工作八十小時」「非正職的個人經營者」「一％vs.九九％社會」等各種目前社會中議論紛紛的關鍵詞，貫穿著平台工作者們的生活。

尤其這本書致力於用他們的語言，如實描繪出「大家都知道卻無人了解」的平台工作者日常生活。由於我的能力不足（？），尚且無法針對走向世界趨勢的平台工作問題，提出解決的方案。但是我相信，本書中出現的各領域平台工作者現實生活，以及他們所吐露的故事裡，一定存在著社會必須尋求的解決方法。

《星級人生》拍攝正酣的二〇二〇上半年，還屬於新冠疫情限制較寬鬆的時期。二〇二一年起新冠疫情所帶來的「零接觸社會」成了習以為常的生活，平台工作者的情況也變得比那時更加惡劣。讓人們的「零接觸生活」更為圓滿的「居家辦公」「遠距教學」「網路購物」背後，卻是平台工作者不得不暴露在更多危險和不安中。也就是說，我們的安全保障其實是建立在他人的危險上。

目前韓國平台工作者大約有一百七十九萬人，相較於二〇一八年暴增了將近三倍（根據韓國勞動研究院二〇二〇年資料）。隨著後疫情時代的到來，過去我們從未想像過的領域裡，不僅更常見到平台工作者的存在，也有更多人投入平台工作謀生。今天，平台工作者也活在「星級人生」的激烈競爭中。我希望透過這本書，能幫助更多人了解他們的生活，並對此有所共鳴**（編按：根據台灣勞動部職業安全署統計，二〇二二年全台從事平台外送工作人數約十四．五萬人）**。

時間任選，工作量隨意

▼

Coupang Flex 貨物配送員

平台工作者：朴鎮永

Coupang 是 2010 年在韓國設立的一家電子商務公司。該公司所架構的火箭配送（Rocket Delivery）和清晨送達（Dawn Delivery）系統，提供了超過 500 萬件貨物的當日或次日送達服務。Coupang Flex 則指利用私人車輛送貨的 Coupang 配送員。

歉疚漸消的消費者

十二月三十一日，和家人一起等待新年倒數計時，一旦過了子夜，就會彼此道聲：「新年快樂！」在這瞬間，無論遇到多麼討厭的人，也只能這麼說。此時就是一派從容地以寬懷之心回顧過去一年，彼此慰勞、相互祝福的一刻。突然，大門外傳來「啪嗒」一聲。哎呀，差點忘記，原來是之前訂購的 Coupang 商品送來了。即使是這個所有人都在等待新年伊始的幸福時刻，也有人對高於平日的「配送單價」心懷感激，投入工作。

元旦、中秋節及春節假期，是幾個為數不多的國定假日，大家一律可以放假。但是點開外送平台應用程式，假日前幾天總會跳出如下廣告：

「元旦當天清晨快遞不打烊。」

「春節送禮，當天訂購，當天送達。」

有人即使在假日也不放假，因此消費者隨時都能收到訂購的商品。只要每月繳交兩千九百韓元（約台幣六十九元，本文韓幣兌台幣匯率均以四十二：一計算）加入「Rocket WoW」會員，即使在Coupang只購買價值三千韓元（約台幣七十二元）的商品，都可以得到「火箭配送」的免運費優惠。我只不過在上頭訂購了最便宜的商品，但即使是元旦假期，火箭配送也同樣火速送達。過去，看到工作到深夜的宅配司機總會心生一絲愧疚，但隨著慢慢習慣在眾人皆睡的時間，門外放著宅配商品的現實之後，愧疚感也變得越來越薄弱。

又不是急著明天要用的東西，就因為「最低價格、火速送達、高評價商品」等理由，我們就透過配送平台訂購商品，全然沒有考慮到為了運送這件商品，有人必須工作到跨年元旦為止。如今，不用去大賣場，在家就可以收貨，而且今晚下單、明天清晨就能收到的驚人配送系統，讓許多人都只會單純地想著「世界真的變好了！」在我採訪平台宅配司機前，我也是這麼想的。但和他們一起迎著朝露配送商品時，我心中實在百感交集。

大門外響起「啪嗒」聲、某人傳來宅配確認照，一直將這些視為理所當然的我，歉疚的重量和強度也變得越來越稀薄。就在此時，我看到平台宅配司機朴鎮永的勞動實況。

眾人入睡後才開始的一天

「午夜前下單，保證明天清晨七點前送達！」

半夜十一點，是「清晨送達」下單的最後機會。我訂購了希望明天一早送達的商品之後便上床睡覺。明天清晨七點以前，商品就會擺在大門外。

同一時間，朴鎮永的手機提示聲響起，好不容易才讓沉重的身軀從床上爬起來。就在大部分的人都上床睡覺的這個時候，鎮永開始了他的一天。這已經是他這一年來不斷重複的生活，睜開眼睛的第一件事，就是確認手機訊息，內容是昨天下午一點透過 Coupang Flex APP 申請的配送服務確定通知。

〈Coupang Flex〉深夜宅配確定通知

朴鎮永

配送地區　○○○

商品領取場所　○○○

商品領取時間　○○：○○

普通商品八五○韓元，生鮮商品一○五○韓元

鎮永是 Coupang Flex，也就是 Coupang 公司的配送員。二○一八年登場的 Coupang Flex 配送員，不同於物流配送平台企業直接僱用的

「Coupang Man」（近來隨著女性宅配司機人數的增加，已經變更名稱為「Coupang Friend」，簡稱「酷友」），是使用私人車輛執行配送業務，論件計酬的平台工作者。與穿著印有公司標誌背心的「Coupang Man」不同，他們不是直接僱用的員工，所以要根據當天的配送量來決定配送員的人數，幸好今天鎮永得到了出勤的機會。

鎮永開著自己的休旅車前往通知上所註明的商品領取地點，在深夜中抵達離家十公里遠，被稱為「營地」的物流中心。距離領取商品的時間還有三十分鐘，但已經有許多配送員把車停在物流中心入口處等待。物流中心牆上大大貼著充滿殺伐氣息的警示標語——「若有誤送，將終止配送委託」。

〇時三十分，包裹入庫完畢，這時用手機掃描物流中心牆柱上的QR碼，今天分配到的送貨量就會自動出現在應用程式畫面上。剩下的就是在載貨處找出被分配到的商品，搬運到自己車上即可。鎮永在裝貨的過程中，偶爾也會用眼神和認識的人打招呼。一年來大家都在同一個營地進進出出，不知不覺間也認識了不少人。深夜宅配主要以四、五十歲的中年男性居多，大部分都是只靠本職工作不足以養家活口的斜槓族。相反地，日間宅配時段就有不少家庭主婦，想利用孩子們上學時間的空檔賺錢，還有一些靠打工維生的二十、三十歲世代。最近因為新冠疫情宅配商品數量激增，像鎮永這樣晝夜全職從事配送員工作的人也明顯增加。

商品終於裝載完畢，今天被分配到的貨物有六十九件。深夜宅配商品的單件報酬乃是根據當天申請配送員的人數、天氣情況等等供需法則來決定，因此今天的報酬是：普通商品每件八百五十韓元（約台幣二十元）、生鮮商品每件一千零五十韓元（約台幣二十五元）左右（以Coupang宅配來說，每件配送費中，塑膠包裝商品通常會比紙箱包裝商品平均低了一百至兩百韓元，配送單價則根據配送物流中心的情況調整）。Coupang Flex配送員因為是論件計酬，所以配送貨物量直接關係到一天的收入。鎮永認為的理想貨物量是八十到一百個。如果配送商品超過一百個，配送區域就會過大，不僅要耗費更多油錢，配送時間也會拉長。相反地，配送商品如果降到五十個以下，就很難賺到一天的目標收入。今天的分配貨量雖然不到八十個，但值得慶幸的是，配送單價高的生鮮商品數量比平時來得多。每天左右著配送員悲喜的配送單價和分配數量，並無法自己決定。Coupang的人工智能（Artificial Intelligence, AI）演算法以多年累積下來的供需資訊為根據，每天都會計算出新的「僱用條件」。

鎮永的休旅車駛出物流中心，後車廂和後座上塞滿了裝著配送商品的紙箱和塑膠袋，連一個人可乘坐的空間都沒有。平常連副駕駛座上也放滿包裹，今天還算留了點空間。從駛進物流中心到配送商品裝載完畢為止，總共花了超過一個小時的時間，卻還分文未賺。既然是論件計酬，配送之外的事情就都是無償的。如果是正職員工的話，還可以靈活利用上班時間和同事聊聊天，一起抽根菸、喝杯咖啡；但像鎮永的話，就只有全部圓滿配送完被分配到的商品之後，才會有收入進帳。

要正式開始進行配送了，鎮永點開 Coupang Flex APP，配送地點按地區被標示在地圖上。今天要配送的地點都集中在住宅大樓園區和連幢公寓區。深夜宅配和白天宅配不同，配送地區之間相距甚遠，還必須在七點鐘一般人開始一天生活前全部送完。時間指向凌晨一點，鎮永重重踩下油門，在建築物都熄了燈，所有人沉入夢鄉的這個時刻，正式開始他的工作。

我們眼前的包裹，還有它背後的故事

第一個配送地點是距離物流中心約十公里遠的獨幢公寓密集區。這裡每條巷子都停滿了車，以休旅車的大小很難直接開到公寓前面，鎮永只好亮起雙黃燈，把車停在路邊。他先從後車廂取出要配送的包裹之後，靠著街燈朦朧的光線走進巷弄之間。仔細確認紙箱上所寫的配送地址和公寓地址後，將普通商品的紙箱放置門前，對著同框在鏡頭裡的配送紙箱和大門拍照存證，上傳APP之後就會出現一條「配送完畢」的訊息。出工快兩個小時了，才終於賺到第一筆八百五十韓元的收入。

每個紙箱的配送單價都不一樣，就算是尺寸相同、重量相同，根據箱內物品又分為普通商品和生鮮商品。普通商品大多是以一般家庭經常訂購的衣服、化妝品、衛生紙等工業製品為主，生鮮商品則是像韓式泡菜、蘋果、果汁之類的食品。用綠色膠帶封箱的生鮮商品要迅速、正確宅配到府。要是一個不小心讓箱子掉到地上，箱內物品便會滲出來，所以要特別注意。相對地，因為需要特別小心，配送單價也平均高出兩百韓元左右。

下一個目的地是相距五十公尺左右的另一幢公寓，這種程度的距離不用開車，走過去就可以。開車過去還要找停車場，浪費時間，而且走過去至少還能節省一點汽油錢。

不過這回要配送的物品似乎不容小覷。鎮永從後車廂裡使勁搬出一個紙箱，裡頭裝了二十四瓶五百毫升的蘇打水，這樣的重量就算是成年男子也很難一個人搬運。偏偏這麼重的紙箱，還要辛苦地配送到沒有電梯的獨幢公寓三樓。即使如此，在 Coupang 裡也「公平地」一視同仁，不管裡面是裝了兩支自動鉛筆，還是裝了二十四瓶五百毫升的蘇打水，配送單價一律是「八百五十韓元」。不過站在配送員的立場來說，這樣的東西還是越少越好。

前天晚上十一點前訂購、次日清晨宅配到府的火箭配送（Rocket WoW 會員免運費），已經成了韓國人日常生活的一部分。隨著線上購買的商品價格明顯比線下購物還要便宜的情況，近來有越來越多家庭購買像礦泉水、飲料、白米等沉重的商品時，不會直接去大賣場採買，而是透過宅配的方式送達。消費者能享有的優惠越多，像鎮永這樣的平台配送司機要搬運的包裹平均重量也隨之增加。

「屎包」「甜包」是配送員對配送包裹的叫法。「屎包」，顧名思義就是配送單價相同，但搬運起來很辛苦的礦泉水或小型家具等又重又大的商品；相反地，「甜包」則是指像刮鬍刀、面膜、原子筆等紙盒又小又輕，配送輕鬆的商品。甜包的配送速度比屎包快了兩倍多，對於時間就是金錢的配送員來說，自然對這兩者的分配比例十分敏感。雖然Coupang物流中心的員工採取隨機分配，但因為是靠人來做的事情，所以現場總會出現抱怨連連的情況。

凌晨兩點，走在黑漆漆的獨幢公寓巷弄裡，鎮永又打開手機，出現了「總共六十九件，已配送完畢二十件」的通知。獨幢公寓地區的配送，比住宅大樓園區要來得花時間。坐落在錯綜複雜巷弄之間的獨幢公寓中，有很多入口處沒有標示門牌地址，因此得花很長的時間確認。尤其像今天這樣，每一家配送的數量只有一、兩件的話，要配送的地方就會增加很多。配送員碰到這種情況，會把這地區稱為「地獄」。不同於配送區域狹小，配送量集中的日間宅配工作，深夜宅配地區大多是「地獄」。再加上像今天一樣下著大雨的日子，配送時就得更加費心。因為萬一不小心在配送過程中讓商品被雨淋濕受損的話，就得自掏腰包賠償。

現在，該往下一個配送區域移動了。APP很體貼地告知下一個配送地點。在地圖一角，有許多密密麻麻的點（配送地點），是距離這裡七公里遠，有著一千戶以上的大型住宅大樓園區。鎮永說，每次看到地圖上的光點消失，就有種在執行「遊戲任務」的感覺。雖然不知道所執行的隨機任務是尿包還是甜包，但可以肯定的是，隨著配送完畢的包裹數量增加，存摺裡的配送報酬也會跟著累積。他相信，汗流得越多，錢也賺得越多。就像遊戲裡每次任務完成就可以累積錢幣一樣，對鎮永來說，今晚等待他的是六十九件任務和與之相應的報酬。在今晚結束之前，他的休旅車還得匆忙趕赴下一個任務。

現代聖誕老人

凌晨三點，鎮永的車抵達住宅大樓園區入口處。當車子從住戶出入口轉向訪客出入口時，警衛生硬的聲音就透過喇叭傳了過來。

「來這裡有什麼事嗎？」

「深夜宅配送貨。」

「要送到哪幾個園區？」

「嗯，從一〇一棟到一〇八棟都要送。」

「需要多長時間？」

「一個半小時就夠了。」

回答完所有問題之後，出入口的柵欄才升起。這個住宅園區還算親切的，有些甚至還要打開車子後車廂，確認配送紙箱之後才准允進出。Coupang Flex 配送員和 Coupang 正式僱用的「Coupang Man」不同，沒有貼著公司標誌的車輛和制服為輔，一輛普通車子裡塞滿泛黃紙箱，站在警衛的立場當然會進行澈底的確認。但這麼一來，為了「查清身分」所浪費的時間不只會拉長整體配送時間，而且對收入一點幫助都沒有。如果這個過程沒完沒了地拉長，配送員就會因為擔心無法在規定時間內完成配送工作而焦慮不安。所以 Coupang Flex 配送員之間才會出現「深夜配送最令人害怕的就是警衛先生」這樣的笑話。

二〇二〇年因為新冠疫情，無可避免地迎來「零接觸時代」。雖然未來預期會走向網路社會、非面對面社會，但我們卻是在還沒準備好的情況下被迫接受。迄今為止，我們一直享有的平凡日常生活被按下了暫停鍵，大部分上班族和學生們不用再面對是否出勤、是否到校上課的危險選擇，而是迎來所謂的「居家辦公」「遠距教學」，這樣不必面對面的生活。然而，為了保障某個人安全所採取的零接觸生活，卻得讓另一個人必須忍受更激烈、更危險的工作現場。

或許新冠疫情時代的白領階級不是指穿著白襯衫的人，而是指工作上可以居家辦公的人。但鎮永卻不適用這種情況，因為平台配送司機這個職業是不可能居家辦公的。

在疫情大流行的時代，捧著配送紙箱的配送員，就像是小時候帶禮物給我們的聖誕老人。如果聖誕老人必須冒著生命危險，從煙囪裡爬進爬出的話，那麼大流行時代的聖誕老人就必須冒著受到感染的危險，進行更多活動，兩者只有這點不同而已。但無論是過去或現在，人們更關心的永遠是禮物，而不是聖誕老人。

小時候我們從來不會好奇：「為什麼聖誕老人從滿是煤灰的煙囪裡爬出來，白鬍子卻沒有沾上一點煤灰？」「聖誕老人是怎麼讓白袖子保持乾爽的？」現在，比起將訂購商品宅配到府的配送司機人身安全，我們更盼望訂購的商品能毫無破損地準時送到自己手上。因為在我們購買商品時所支付的金額裡，也包含了商品「準時、正確、安全」送達的費用，所以這樣的想法就被視為是理所當然的事情。但是，在準時放下物品之前的所有危險，卻是在黑漆漆的深夜裡，如同聖誕老人般穿梭在城市的平台工作者所必須承擔的。

眾人皆睡的時間裡，鎮永載滿「禮物」的休旅車駛向一〇一棟的入口附近。原以為住宅園區這種配送地點會比較輕鬆，沒想到也有不少難處。沒有地下停車場的話，很難靠近大樓入口處，因為很多車輛都違規併排停車，只能把車停在後方。打開後車廂，裡面還塞著很多要配送的「禮物紙箱」。

後車廂裡按照配送順序，整整齊齊地堆疊著箱裝商品和袋裝商品，對配送員來說，「裝載祕訣」也如同配送一樣重要。排在最後配送地區的物品放在後車廂最裡側，第一個配送地區的物品則必須放在最外側。如果不考慮順序，雜亂無章地堆放，光花在尋找物品的時間就有可能比配送時間還多，這也是菜鳥配送員常犯的錯誤。後車廂側邊一角放置貼著「易碎物品」標籤的紙箱，這是鎮永陷入多次窘境後才領悟到的訣竅。

站在一〇一棟共用大門前，一點開APP就出現大門密碼「#三二五三」，鎮永一把抱起要配送的紙箱朝電梯走去。配送的地點分布在十五樓、十二樓、七樓、三樓，總共四家六箱。他按下最上層的十五樓按鈕——先到十五樓的話，只要趕在電梯門關閉前盡快送達，就可以接著搭電梯下樓——然後再分別按下十二樓、七樓、三樓的按鈕，以同樣的方式配送。如果想在清晨七點前完成配送工作，就必須像這樣從高樓層往低樓層移動，加快配送速度。即便錯過了電梯，也可以走安全梯下樓分層配送。

凌晨時分很少會在電梯裡碰上住戶，偶爾在電梯裡遇到，住戶還會說一句：「這麼晚了還送貨嗎？」「加油！」之類的話。但是，當他們確定造成電梯緩速下降的罪魁禍首，就是宅配司機每個樓層都按停之後，多數住戶會默默報以不滿的眼神。每次碰上這種情況，鎮永就會習慣性地低頭說：「對不起。」換個角度站在住戶們的立場多想想，就能理解他們的心情。

但是，真正在他心裡留下小創傷，卻是迎面碰上不安多於不便的住戶。不久前，Coupang物流中心才爆發出集體感染新冠肺炎的事件，因此越來越多住戶害怕和送貨員搭同一部電梯。這種時候，鎮永就會往旁邊挪一步，儘量將身體縮在電梯角落。因為即使他比任何人都更嚴格遵守防疫規定，每天更換口罩，隨時消毒雙手，但在別人眼裡，他不過是一個「散發汗臭味的危險陌生人」罷了。在新冠疫情時代，只能把這想成是「聖誕老人的悲哀」，鎮永還是得每天到處奔波，面對不特定的多數人。

星級評價影響僱用與否

凌晨四點，鎮永駛向另一個住宅大樓園區，也是今天最後一個配送地點。現在要配送的包裹只剩下十二件，不知不覺間，清晨第一班公車也開始上路。若想在早上七點前結束配送，就得加快動作。但是問題出現了，出入大樓的大門密碼沒有登記在APP上，鎮永只好從配送員在聊天室中共享的密碼中尋找。雖然也可以和物流中心聯絡，詢問出入密碼，但這樣就會花費很長的時間。如果不能準時送達，以後甚至有可能會失去工作機會。

Coupang Flex 配送員也得接受星級評分。不同於一般的商品和美食餐廳星級評分會向大眾公開，配送員的評分只有透過 Coupang 物流中心和APP才查得到。星級評分從〇到五，最近六十天內有四十戶以上的宅配明細，才會根據分數分級。

四．五〇～五．〇〇 綠色
配送失誤不到〇．五％，配送分數非常優秀。

四．〇〇～四．五〇 黃色
配送失誤在〇．五％至一％之間，配送分數為平均值。

四．〇〇以下 紅色
配送失誤在二％以上，配送分數在平均值以下，要減少質量降低的因素。

＊以上分數會影響業務分配的優先順序。

就像這樣，評分共有三級，如同交通號誌燈一樣綠黃紅。分級越往紅去，得不到工作分配的可能性就越大。正如所有評價都是相對的，隨著配送人力的增加，星級評分的標準也必然越發嚴苛。雖說星級評分是為了僱用令人安心的人力，將誤送風險降到最低的一種評價制度，但另一方面，也是平台業者掌控「非典型勞工」的一種有效「演算管理（Algorithmic management）」。平台配送員被困在這種制度的枷鎖中，與無數看不到的配送人力展開無形的「星級競爭」。諷刺的是，這場競爭的勝利者不是拿到「五顆星」的勞工，而是能以更低價格配送更多貨物的企業。

距離配送時限只剩下兩個小時，鎮永的腳步也逐漸加快。雖然沒有上司在一旁監督，但星級評分催促著勞工不停工作。鎮永在工作中能期盼的「運氣」只有兩種，一種是甜包越多越好，一種是送貨地點集中的「順風路線」。除此之外，所有結果就只能由配送件數來決定。

送貨地點如果是在二樓，乾脆不搭電梯，直接走樓梯，只為了能多少節省一點時間。在二〇三號門前放下配送紙箱前，鎮永點開應用程式，再一次確認上面顯示的地址。這是幾天前發生誤送事件後才養成的習慣。

不久前，鎮永接到 Coupang 物流中心相關人員的電話，冰冷的聲音從電話另一端傳了過來。「昨晚在獨幢公寓地區的配送過程中，發生了一件誤送需要處理，可以重新配送嗎？」

鎮永一掛斷電話就開車趕往誤送的地區，幸好誤送包裹還原封不動放在那裡。雖然再三確認過獨幢公寓的名稱，但因為搞不清楚舊式地址才發生失誤。這種事情，平常他總是會確認好幾次，沒想到那天竟然出了差錯。如果像那天一樣找到包裹重新配送就沒問題，萬一包裹遺失了，那又另當別論。在配送報酬入帳日當天（Coupang Flex 配送員一周結算一次配送酬勞），收到的會是扣除商品價格之後的「工資」。也就是說，配送過程中一旦發生問題，責任一律由配送員承擔。

但是，就算誤送問題解決了，事情也不會就此結束。一次失誤就會對星級評分產生相當大的影響。誤送事件發生後沒幾天，鎮永的評分就從四．九〇掉到四．七五。即使向客服中心詢問，也沒有得到降分的明確解釋，只說是「因誤送所受到的一次懲處」而已。所謂「懲處」，是物流中心管理者對配送過程中發生失誤的配送員所下達的一種警告。例如發生配送失誤，或是收到確定配送簡訊卻不出勤，或在物流中心裝載貨物的過程中，沒有整理好傳送帶上的物品時，都會受到處罰。

因此，Coupang Flex 配送員對「懲處」都非常敏感，因為一旦受到處罰，不只星級降分，影響到分配的優先順序，懲處還會如同「紅字」一樣累積下來。一旦累積到三次，帳號就會被停權一個月，這也稱為「黑色」處分。受到一次懲處的鎮永，也變得更加敏感。雖然所有工作都要求謹慎，但因為配送工作的「完成」爭分奪秒，所以神經必然會繃得更緊，畢竟沒有機會像文書處理器一樣，按下「delete」刪除鍵或「ctrl+Z」還原鍵。對於靠 Coupang Flex 配送工作維生的人來說，帳號停權就等同於上班族被裁員一樣。

鎮永邁出最後一步，在四〇五號門前放下兩箱生鮮商品和一箱普通商品。為了避免顧客開門時會碰撞到箱子，還小心地堆放在一側。有些顧客連這些小地方都會納入評分考量，有時還會因此給出低分。隨著配送經驗和經歷的累積，鎮永也學到安全配送且不引人反感的祕訣和技巧。鎮永將商品與大門門牌號碼同框的畫面拍照存證後，上傳APP。只要沒有誤送或個別要退回物流中心的物品，就會出現「完畢」的訊息。今天最後一件配送終於結束，原本一片漆黑的住宅大樓窗戶裡開始一一亮起燈光，某人要開始自己一天的生活。在他們展開一天生活之際，鎮永的一天就此結束。凌晨五點，終於可以下班了。

保證月收五百萬韓元的祕密

鎮永將休旅車往前折放的後座豎起，恢復原狀，原本堆滿配送紙箱的車廂裡，被一層灰濛濛的塵土覆蓋。在發動車輛之前，鎮永又點開APP，上面標示了今天的配送履歷：共三十三戶——六十九件。今天配送的六十九件當中，普通商品六十件（每件八百五十韓元）、生鮮商品九件（每件一千零五十韓元），總共賺了六萬零四百五十韓元（約台幣一千四百四十元）。考慮到這是從晚上十一點開始到第二天清晨五點為止，總共六小時裡所做的事情，換算下來也就是一小時約賺一萬韓元（約台幣兩百三十八元）。

雖然比韓國基本時薪八千五百九十韓元高（以二〇二〇年為準，約台幣兩百零四．五元），但考慮到夜間勞動這點，這收入就不算那麼高。鎮永訕笑著說：「配送量多的時候，每小時收入就會稍微高一些。」但是，要如同部分YouTuber和Coupang所宣傳的那樣，每小時配送收入高達兩萬韓元（約台幣四百七十六元），似乎就與現實有相當大的差距。

鎮永回家前還要順道去一個地方，那就是自助加油站。Coupang Flex

配送員不屬於正式員工，算是外包委託的個人經營者，所以配送工作上所需的手機通訊費、送貨車輛的折舊等所有費用，都得自行負擔。除了論件計酬，Coupang公司實際上什麼都沒有提供。鎮永覺得負擔最重的，就是油錢。對做為晝夜全職配送員的他來說，一天平均要跑兩百公里左右，差不多等於車子載滿貨物的情況下，一天來回首爾和天安的距離**（譯註：大約是走國道3號，從台北到員林的距離）**。兩天加一次油，每次五萬韓元（約台幣一千一百九十元），一個月油錢大約就要花掉五十萬韓元（約台幣一萬一千九百零五元），所以只好利用每公升好歹便宜一百韓元（約台幣二．四元）的自助加油站。這還是油價情況好的時候，每次聽到新聞報導油價上漲的消息，他都會在腦子裡計算每公升的油錢，因為這和收入有著最敏感的關聯。在「Flex（彈性）」所代表的自由背後，存在著所有風險和折舊轉嫁到個人身上的奇妙法則。

清晨六點，天終於亮了，人們開始陸續出門上班的時候，鎮永結束工作回到家裡。睡覺前他打開電腦，把當天工作內容和收入整理在 Excel 檔案中，這是他從事配送員工作前，還在打工時期就養成的習慣。Excel 檔案裡，一目了然地記錄著從他二〇一九年一月開始從事配送員以來，逐日的配送單價和日夜配送數量。仔細觀察的話，就會明顯發現一件事情：鎮永現在的配送單價，比他當初剛開始從事配送工作時下降了很多。二〇一九年初，深夜配送單價還是一千三百韓元（約台幣三十一元）到兩千韓元（約台幣四十八元）不等，但最近卻掉到一千韓元（約台幣二十三．八元），日間的配送單價也同樣呈現下降曲線。

Coupang 從二〇一八年引進 Coupang Flex，因為和 Coupang Man 不同，不是正式僱用人員，因此具有可以根據當天配送量，彈性決定配送員人數的優點。Coupang 為了招募更多 Coupang Flex 配送員，以「推廣」的名義，將每件配送報酬一度提高到三千韓元（約台幣七十二元）。因此有許多人被「月收入超過五百萬韓元（約台幣十一萬九千零四十八元）」

的宣傳所吸引，加入配送員的行列，註冊人數約高達三十萬人，全韓國平均每天有四千人在從事這項工作（以二〇一九年為準）。

鎮永也是在那時開始投入這份工作。日夜努力送貨的話，每個月真的能賺到五百萬韓元。雖然日夜顛倒，身心俱疲，但現在的辛苦似乎有望實現他以自己名義開家小店的夢想。然而，這樣的期待並沒能持續多久。隨著 Coupang Flex 配送員人數的激增，Coupang 中斷推廣制度，配送單價也跟著大幅下降，從三千韓元降到兩千韓元，再一路降到一千韓元上下。每天申請配送工作的人力爆量，從企業的立場來看，就像到手的魚不用再餵食一樣，根本不可能再度提高單價。隨著推廣優惠的消失，有些人就放棄了配送工作。但對於晝夜全職配送的人而言，沒有其他選擇的餘地。對他們來說，配送工作不是兼差，而是「職業」。若想取得與推廣時期同等的月收入，就得增加配送件數。在配送單價腰斬的情況下，配送件數就得增加兩倍，才能賺到和過去等量的報酬，最後無可避免地被歸納到長時間勞

烏托邦的悖論——工作就像郊遊

上午十一點，鎮永的休旅車上又重新堆滿貨物。日間宅配大部分都是以又重又大的商品為主，礦泉水和飲料就不用說了，連棉被甚至是折疊桌都在配送之列。透過配送員的工作，鎮永切身感受到「宅配萬能時代」這句話的意思。日間宅配雖然有很多沉重的商品，但配送單價反而比深夜宅配來得低，普通商品一件六百韓元（約台幣十四．三元）、生鮮商品一件八百韓元（約台幣十九元）。幸好日間宅配的配送區域較為集中，有很多都是一戶一次就配送好幾件商品的「順風路線」。

第一個配送地點是日間宅配中最刁鑽的商店街。商家大樓一般都位在大馬路旁，不方便停車，如果把車停在停車場，又要支付停車費。配送單價才一千韓元，沒道理花三千韓元的停車費停車，所以鎮永說：「還是停在路邊，趕緊送完了事。」就算有取締違規停車的監視器，只要能在五分鐘之內送完就不會被開單。這是鎮永在過去一年從事配送員工作以來，所學到的訣竅。

這種芝麻小事的訊息，都會分享在同個物流中心的 Coupang Flex 配送員聊天室裡。像是停車不滿三十分鐘免費的停車場、商家共用廁所的門鎖密碼、最廉價的加油站等等，配送工作上最需要的一堆情報。雖然都是些零星瑣碎的事情，但對他們來說，因為缺乏可以自由使用的「廁所」，所以「共用廁所的門鎖密碼」就成了非常有用的情報。

鎮永最早是在 YouTube 上偶然看到廣告，才得知 Coupang Flex 的。廣告上的退休老夫妻、孩子上小學的家庭主婦、準備開始新挑戰的年輕人，全都一臉幸福地在送貨。讓鎮永心動的是最後出現的廣告詞：

「時間任選、工作量隨意，工作就像郊遊一樣！」

不需要什麼特別的技術，只要有一支手機和一輛汽車，任何人都可以嘗試的這項工作，對頻頻在就業門檻上受挫的鎮永來說，無疑是一個機會。

「拿著高中畢業的學歷，有可能進自己理想中的公司嗎？有可能在公司任職嗎？有可能成為正式員工嗎？這種事情我想都不敢想。所以我很高興，能有這種不需要技術就可以工作的機會。」

那時，鎮永甚至不知道平台工作是什麼，是否適用四大保險**（譯註：指韓國國內的健康保險、國民年金、僱用保險、產業災產保險）**，只認為可以踏踏實實流著汗水賺錢，這個機會本身就非常珍貴。他相信，只要誠實勤奮地努力工作，這個機會就是引領自己走向未來夢想的「踏腳石」。然而不久前鎮永到銀行洽談貸款時，因為他的身分是事業所得只扣繳三．三%的個人經營者，而且透過配送工作賺到的收入也很難獲得認可，所以從銀行這邊得到無法核貸的回覆。這時，他才知道「平台工作」是一個誰都可以做，卻得不到任何保障的職業。這明明是他除了睡覺之外，投入所有時間的工作，但實際上公司、銀行、制度都不承認這是一種「職業」，也不給予任何保護。

連日來，新聞都在介紹引領第四次工業革命的創新企業，報導這些企業的員工年薪上漲了多少，績效獎金有多少。那些克服嚴重就業困難，在大企業任職的「人才」，顧名思義都是擁有「優秀條件」的精英。他們進入一流企業之後，思考、設計、創造出來的演算法和系統，難道就是將更多危險轉嫁給為企業工作的勞工，讓他們承受更多負擔嗎？雖說企業的目的在於追求利潤，但並非僅有將人類勞動單價降到最低這個方法而已。

創新企業所設計的系統，乍看之下似乎為無法在社會結構中取得同等機會的人，提供了一個公平、充滿烏托邦概念的機會。即使只有高中畢業、即使不具備任何技術、即使生意失敗，誰都能參與的這個公平機會，看起來甚至就像一種救援。然而，實際上伸手抓住這個機會，比任何人都更踏實、勤奮執行工作的人，大多數卻說這個系統所強調的烏托邦並不存在。

下午兩點，為了解決已經嫌晚的午餐，鎮永把車停在公園停車場，在車裡簡單地吃了從家裡帶來的便當。唯一符合「郊遊」這個廣告詞的地方，或許就是在公園裡吃便當這件事吧。和充滿歡聲笑語的郊遊不同的是，在公園停車場裡吃便當，完全是出於經濟方面的考量。這樣一來不僅可以節省外食費，還能在配送工作上投入更多時間。收音機裡傳出動感的流行歌曲，即使在吃著午餐的時候，鎮永仍然手不離機。沒過多久，手機提示音穿過收音機的歌聲響了起來。

「叮咚！」

〈Coupang Flex〉深夜宅配確定通知

朴鎮永

配送地區　〇〇〇

商品領取場所　〇〇〇

商品領取時間　二三：〇〇

普通商品一千韓元，生鮮商品一千兩百韓元

等了好久的深夜宅配確定通知，配送單價比昨天稍微提高了一點。今晚說不定會開始下雨。下雨的話，通常配送員會變少，物流中心就會提高單價以募集更多人。鎮永匆忙吃完午餐，想儘快結束日間宅配，才能爭取在深夜宅配前休息一下。載滿配送紙箱的休旅車再次行駛在道路上。

「這就是我日復一日申請後等待通知的日常生活。有可能今天配送了十件，明天卻只有五件，後天則一件都沒有。這種壓力，沒經歷過的人是無法理解的。」

自由工作的同時，所失去的那些

▼

代理主婦

平台工作者：李東希

「代理主婦」為韓國 Home Story 生活公司於 2014 年所成立的平台，主要媒介兼職主婦到府提供清潔、煮食、家事等服務。

自由自在工作的居家清潔服務

還記得連續劇中出現過這樣的場景吧？金碧輝煌的豪宅中電話鈴聲響起，一名女子從廚房飛奔出來，一接起電話就說：「這裡是平倉洞。」大家都知道，接電話的人不是這家的女主人，而是僱來幫傭的人，一般稱為「傭人」。到了九〇年代，改稱他們為「家政助理」或「家事幫手」，主要工作就是「做家事」，譬如在廚房煮飯做菜、打掃居家環境等。

過去只有富有人家才會僱用家事勞工。實際上，在家事勞動服務進入平台之前，中產階級家庭聘請家事勞工的情況並不多見。但是，最近因為單人家庭和雙薪夫婦的增加，以及人口高齡化等因素，造成照護服務的需求量大增。隨著平台市場範圍的不斷擴展，如今家事服務不再由富裕階層獨享，任何人都可以輕易使用。

過去家事勞工大部分都是靠熟人介紹，或透過人力派遣公司和家庭簽約；現在則出現了仲介家事勞動服務的平台公司，工作方式也有了很大的變化。如果說過去是固定在一個家庭裡定期工作領月薪，現在就是以四小時為單位簽訂合約，可以同時在好幾個家庭工作。也就是說，不拘泥於一個家庭，任何人都可以在自己想要的時間輕鬆工作。隨著使用的便利性，家事服務也成為具代表性的平台勞動。

求職方式也有些變化，以前都是由家事服務業者居中，為顧客和家事服務代理人牽線。不管工作能力如何，只要公司幫忙牽線，一般都能上工。但在平台就不一樣，勞工透過平台確認工作內容後報價，接著就只能等待顧客選擇。顧客會仔細查看家事服務代理人的簡介和經歷，做出最後決定。因此，家事勞工的經歷、顧客的星級評分和評論，就變得很重要。

結婚生子後的李東希曾經想找一份新的工作，但找不到地方代為照顧孩子，她只好在家專心帶小孩。不過只要一有時間，她就會習慣性地查找工作機會。就在她煩惱著「難道沒有我可以做的工作嗎？」偶然發現家事勞動服務這個行業。雖然對平台上的家事勞動服務多少有點陌生，但以四小時為單位簽訂合約一事，十分吸引她。把孩子送去學校以後，正好大概就有四至五個小時能用來賺錢的空閒時間。只要時間足夠，甚至可以在四個小時的工作結束後，再去另一家工作。在自己方便的時間，由自己決定工作量，這正是東希苦苦追尋的工作。

對幫傭的歧視，如今已成往事。家事勞動服務雖然不被承認是合法勞動，但人們的觀念確實有了改變。近來，家事勞動也成為專業人士的領域。隨著代理居家清潔、整理收納等證照的出現，專業、系統化地從事室內裝潢和清潔服務的專家小組，也在電視上登場，想找他們服務的人更慢慢多了起來。

東希是擁有收納整理及家事服務證照的資深老手，也是家事服務代理人。從小就心靈手巧的她，大學畢業後馬上開始從事美容方面的工作。二十多年來身為髮型設計師累積下來的實力和經歷，讓她忙碌地在電視台、電影拍攝地點、寫真攝影棚等全國各地奔波。

然而，結婚生子之後她才發現，要兼顧工作和育兒不是一件容易的事情。往往工作一忙，很晚才能去接小孩，這讓她十分內疚。一旦孩子身體不舒服或出了什麼事情，她更是痛苦地怪罪自己。最後她決定專心照顧孩子，放棄自己一直以來全身心投入的美容美髮工作。這是一個艱難的抉擇，但她相信這也是最好的決定。

幾年的時間過去，孩子長大了，如今可以自己讀書、自己上補習班、自己完成作業。於是，東希就想著：「孩子也大了，現在我可以做點自己的事情了吧？」此時，平台引起她的注意，成為工作經歷中斷的東希重新回到社會的渠道。雖然家事勞動服務是她從未涉足的領域，但就當作累積經驗好了，她決定利用孩子上學後的空檔嘗試這個工作。沒想到開始工作後，她不僅比獨自待在家裡時更有精神，生活也充滿活力，這是一天四小時勞動帶來的驚人變化。

沒人監督也認眞工作

以每件四小時為基本單位營運的平台家事勞動服務，能否上工取決於顧客的選擇。東希在平台查看工作機會，看到中意的地方就進行報價，然後顧客就會在幾位代理人中選擇一位。這時才算完成配對，一對一協商的家事服務就此展開。

那麼，該怎麼做才能使用家事勞動服務呢？首先，打開手機，啟動該平台的APP開始進行。顧客這邊先上傳需要家事勞動服務的消息，然後就會有好幾位代理人傳送個人簡歷過來，顧客可以逐一比較簡介、經歷、價格等條件。最後，哪個人會被選上呢？那就得瞧瞧星級評分，看看接受過該家事代理人服務的其他顧客怎麼評論。評論較好、評分較高的代理人，有非常大的機率會被選上。這麼看來，和在平台上媒合的美食外送服務沒有太大差別。「星級評價」是平台工作者們無可避免的重要標準，平台上，工作者和顧客都離不開星級評分的影響。

東希就這樣被顧客選中，得到這份工作。與透過平台媒合的顧客約好日期，就自己開車前往顧客的家。要得到徒步就能抵達的工作機會，運氣得要非常好，所以大部分都得開車過去。這時耗費的汽油錢和行車時間都不會反映在收入裡。不僅如此，清潔工具、洗滌用品等等，只要是為了服務顧客所需要的物品，都得自掏腰包購買。

在約定時間抵達顧客家，東希就會啟動平台APP，按下「開始」按鈕，這就相當於出勤打卡一樣。如果屋主不在家，就會分享門鎖密碼。這時一定要在打掃前，仔細將屋內狀態錄影存證，一方面做為出退勤的紀錄，一方面也當成比對打掃前後屋況的資料。

雖然沒人從旁監督，但東希片刻不停歇地工作，反而像是有人盯著似地更加認真打掃，這都是因為星級評價制度的緣故。東希的收入高低，取決於顧客的星級評分、評論、反饋內容而有所不同，會出現一小時最少五千韓元（約台幣一百一十九元），最多八千韓元（約台幣一百九十元）的差別。顧客滿意的情況下，評分會一直維持高分；顧客不滿意的話，就會一直出現低分。為了讓顧客開心，只能花心思仔細打掃，經常一做就超過約定的四個小時。

平台家事代理人通常分為四個等級，各等級的收入也不一樣。新進人員是普通代理人，通過公司實施的考試之後就是家戶代理人（Home），之後就根據年資分為明星代理人（Star）和萬能代理人（Master），而影響等級的重要因素就是星級評分。顧客的星級評分不只影響工作機會，也決定論件計酬的收益，甚至還會左右等級的高低。等級因評分下降的情況比比皆是。如果中間暫停工作的話，等級就會下降，所以一旦開始這份工作就別想休息。若想維持好評、高分，就得更常接案、工作得更久。雖然超時工作、額外提供清潔服務並不能多賺一點錢，卻不能計較太多，因為這樣才能得到顧客的好評。

東希也一樣，明明說好的是四小時，但常常會多做半小時到一小時，當作是為了提高顧客滿意度的一種附贈服務。所以即使沒人在旁監督，也同樣要認真打掃。

在平台草創期，剛開始提供家事勞動服務的時候，每小時的收入被訂為兩萬韓元（約台幣四百七十六元），最近卻降到每小時一萬兩千韓元（約台幣兩百八十六元）到一萬六千韓元（約台幣三百八十一元）的水準。花相同的時間工作，勞動的報酬卻會根據星級評分出現差別，除了更努力工作之外，別無他法。有時連周六、周日都還得硬撐著上工。一開始是因為可以任選時間、任選工作量才開始的平台工作，久而久之卻發現，在沒人指使的情況下不斷地做了更多的工作。為什麼會出現這麼諷刺的情況呢？

「向星葵」人生

平台家事勞工根據顧客的星級評分區分等級，按級支付工資。但星級評分卻不公平，也不公正。為什麼滿分五分卻拿不到五分，到底哪個部分做得不好被扣掉一分，勞工無從得知，只能被動地接受顧客的評分。

除了星級評分的問題，還有顧客不時出現的無理抗議，然而家事勞工對此卻沒有任何對應的方法。不久前，東希收到顧客發來的簡訊，抗議清潔工作做了跟沒做一樣，原來是流理台上還落有白色粉末。光看簡訊內容，會以為東希打掃得不夠澈底。碰到這種情況，有必要確認是不是東希的失誤才沒打掃乾淨。然而卻不是由平台出面，而是由東希自己去確認。於是東希只好再度前往顧客家，確認之後，發現沒有打掃乾淨的地方，明明就已經清潔過了。而且東希打掃時，就發現這處不斷有白色粉末物落下來，還清除了好幾次。一問之下才知道，是因為室內裝潢施工不當發生的問題，顧客卻誤以為是沒有打掃乾淨。遇到這種情況，大多數的顧客不去追究真相，反而向工作者提出抗議，不只星級評價給了低分，還在評論裡大發牢騷。

事實上，碰上這樣的情況也無處申訴。雖然東希為了所屬平台業者，也為了顧客，總是盡心盡力地工作，但若是被冤枉了，全部責任卻得由她自己獨自承擔，一個人面對這場無比寂寞又孤獨的戰鬥。不光是顧客瑣碎的抱怨，就連錯不在己卻遭到誤會的情況，也不容她漠視不管，因為這件事情會妨礙到以後的工作。如果得罪了顧客，就有可能招來後續一星負評的暴力攻擊。到頭來，自己只能得到低額的工資而已。所以平台家事勞工為了星級評分和評論，只好犧牲更多時間和精力，做更多的事情。

甚至有人提供了規定之外的事後免費服務，卻依然遭受一星負評的攻擊。從這方面來看，星級評分對平台工作者來說真的很不近情理。因為缺乏之一貫的標準，就只能以顧客滿意度做為優先條件，不得罪顧客、不惹惱顧客成了最要緊的事情。

那麼，顧客真的會如實評分、據實評論嗎？有什麼明確的標準可以依據嗎？儘管顧客的星級評分決定平台工作者的價值，甚至決定了他們的收入，卻不存在什麼明確的標準。顧客一旦給出評分，不需要經過審核，這個評分就成了對該名勞工的評價。也就是說，為了維持應有的服務品質，勞工只能獨自承擔所有責任。

「我真不明白，為什麼一切都要用星級來評價。評分造假的事情數不勝數，為什麼還要用星級來評價勞工的價值呢？真令人感到遺憾。」

為了得到好評和高分，即使付出超時工作和免費清潔也在所不惜的東希，到頭來只落得一身病痛。為了復健治療，只得暫停工作，結果評分大幅滑落。如果不想讓時薪降得更低，就只能拖著滿是病痛的身體繼續工作。實際上，也有不少家事代理人工作了幾個月之後，身體變差就不做了。久而久之，當初滿懷希望開始的工作，現在卻讓自己疲憊不堪。星級

尋找我的僱主

以二〇一八年為準，韓國的平台工作者人數約有五十四萬人。其中家事勞工約有十四萬兩千人，相當於全體平台工作者的三分之一，但他們不是法定勞工。尤其是平台業者推出的系統是以平台為媒介，家事代理人和顧客可以自由見面、相互選擇，所以企業聲稱他們並沒有雇用這些勞工，甚至也沒有指定基本工資標準。對於法定受僱勞工，有所謂基本工資制度，防止勞工之間因競爭導致工資下降。但是由於平台勞動不屬於僱用關係，不適用基本工資制度，因此就避免不了激烈競爭，工資也很不穩定。

以現有公司的僱用情形來看，支使勞工工作時，是否由公司直接下令、是否直接接受公司指揮和監督，是認可其為法定勞工身分、受僱者身分的重要指標。但是平台並沒有直接指揮和監督，只是居中為使用該服務的人和平台工作者牽線而已。然而，事實真的是這樣嗎？透過星級評分或顧客評論來決定勞工工資，從而限制工作機會的情形，平台業者敢說自己只是居中仲介而已嗎？

問題還不止於此，平台家事代理人一旦在工作上發生問題，卻求助無門。居家清潔的過程中出了事故，或者出現顧客誤會、抱怨的情況，甚至是和顧客之間產生雞毛蒜皮的糾紛，平台業者都不會出面代為解決，只會固守所謂仲介者的立場罷了。因此平台工作者必須自己花費時間和金錢來解決所有問題。東希也是一樣，只要顧客抱怨，她就會擠出時間再去拜訪顧客家，不光是免費重新打掃一次，還直接和顧客見面，解開誤會。幾番周折之後，即便和顧客之間的誤會已經解開，星級評分上還是沒有變化，這樣的情況可說比比皆是。顧客因為誤會而在評論區留下的抱怨內容，不久後就使東希的星級評分從五分降到四．九分。或許有人會說，只不過是降了〇．一分而已，又不是多大的差距。但是，就因為這〇．一的差異，等級會跟著下降，收入也隨之減少。而且這種情況還不是本人失誤造成的，更讓人感到冤枉。

就勞工的立場來說，他們無從了解為什麼星級評分會下降、問題出在哪裡，也有很多想知道的事情，但和真正能解答疑問的平台業者之間，卻連電話聯繫都很困難，就算打一整天的客服電話也得不到回音。傳簡訊過去，也只會得到公式化的回覆，就是要再認真一點、更努力這些話罷了。

「星級評分標準在四．九三分以上可升至萬能等級。您目前的分數是四．九〇，雖然差距甚小，但還是屬於明星代理人。這是從最近十件工作的評論所計算出來的分數，請您再多加努力。」

家事勞動屬於高強度勞動，所以做了一輩子家事的家庭主婦們，身上都有腰痛、手腕痛的毛病，就像徽章一樣。東希自從開始家事服務工作之後，也飽受這類疼痛之苦，只要有時間，每周都會去醫院看診。雖然是因為工作造成身體上的問題，才不得不去醫院治療，但也得不到任何治療費用的補助。這不光是家事服務方面的問題，根據二〇一九年韓國國家人權委員會的資料統計，平台工作者一旦在工作上發生糾紛，適用調解程序的案子只有六．七％。譬如打掃顧客家中衛浴時，不小心滑倒導致手腕骨折，也得由勞工自行承擔所有損失。因為在現行《勞動基準法》上，家事勞工不算法定勞工，所以無法獲得產業災害保險理賠。即便無法工作造成生計困難，但因為家事勞工屬於個人經營者，也很難通過核貸。

在平台上，按照哪一方擁有AI演算法和數據來決定權力的大小。在這種結構中，平台企業的責任無限減輕，支付的報酬也越來越低。相反地，所有負擔全都轉嫁到平台工作者的身上。結果，勞工們為了多賺哪怕一點點的錢，必須忍耐長時間的勞動或不穩定的工作。這種結構性問題越來越嚴重。對因爲結婚生子和育兒而退出職場的東希來說，雖然家事勞動是個新的機會，如果沒有在平台上進行勞動交易的話，或許她永遠也抓不住這

在高收入和每周工作九十小時之間

▼

Wishket 網路開發人員
平台工作者：金哲宇

Wishket 成立於 2012 年 11 月，是韓國國內提供企業所需的 IT 外包、聘僱、軟體購買等，所有與軟體交易相關服務的平台。

從忙碌的爸爸到最棒的爸爸

每天早上在社區入口前面等幼兒園娃娃車的時候，大部分的孩子都是牽著媽媽或阿嬤的手出來，詩妍卻是和爸爸一起等著去幼兒園。在等待娃娃車的人群裡，只有哲宇一個男人，起初不光是周圍的人，連幼兒園老師都以為「今天詩妍的爸爸休假吧！」但一天、兩天、一星期過去，老是看到詩妍和爸爸一起出來等車，大家就開始竊竊私語，「詩妍的爸爸大概沒在工作吧！」

近來，雖然爸爸送孩子上幼兒園已經是司空見慣的事情，但哲宇第一次送詩妍上學的時候，還是引來許多訝異的眼光。其實附近鄰居都以為哲宇是個遊手好閒的人，因為他每天早晚接送孩子上下幼兒園，陪著孩子在公園玩耍的模樣，看起來就像被公司解僱的「失業者」。但是現在呢？自從哲宇並非失業的消息傳開後，便收到鄰居們羨慕的眼光。還有不少人請教他到底是怎麼做的，竟然可以有這麼多時間和孩子相處。

其實，哲宇也是辭掉穩定的大企業工作之後，才開始有這麼多時間陪伴孩子。離職後，就不用早上看著孩子的睡顏去上班，夜裡數著星星下班回家，久久才和孩子一起起床，一起吃早飯……

現在對哲宇來說，家就是職場。在他下定決心成為一名平台工作者之後，並沒有另外找一間辦公室，而是將更衣室改成辦公空間。因為他是一名網路服務開發工程師，只要有一台筆記型電腦，工作就可以不受時間和空間的限制，因此陪伴孩子的時間自然而然就多了起來。雖說在家工作不一定就有更多的時間陪伴孩子，但哲宇在辭去工作的同時就已經下定決心。過去在大企業上班的時候常常因為專案加班，甚至忙到周末還得到公司上班；好不容易有個周末休息，卻沒有和家人一起共度歡樂時光，反而自己蒙頭大睡，所以對家人來說，他是個不合格的爸爸。

雖然他對惆悵的妻子和女兒也深感愧疚，卻又以「想拿高薪，當然就得忙碌工作」為理由來安慰自己。然而在內心的一角，他也時常思考，自己是不是沒有做到身為一家之主最重要的事情。不知不覺間，妻子代替哲宇，肩負起家中大小事的責任。兩人愛情結晶的孩子出生之後，育兒重任也同樣落在妻子身上，哲宇獨自照顧孩子的次數屈指可數。就在哲宇不時湧上「再這樣下去行嗎？」的想法時，他自覺身為開發者需要新的嘗試和變化，最後終於做出了決定：離開大公司穩定的環境，開始在自由的平台上嘗試新的挑戰。

當哲宇打算在平台上以IT網路服務開發者身分開創第二人生之後，他就和自己約定兩件事——要積極參與過去想都不敢想的家務和育兒。剛開始難免手忙腳亂，但現在不管是哪一種，他都能輕鬆搞定，實力甚至得到妻子的認可。僅僅是從職場解放而已，哲宇的生活卻和過去有了截然不同的轉變。俗話說，孩子是看著父母背影長大的。看著詩妍，哲宇覺得自己的選擇是正確的。過去把爸爸當成陌生人的詩妍，現在和爸爸成了最親密的夥伴，在幼兒園裡也一直把爸爸掛在嘴上。和孩子一起運動、一起去文化活動中心、一起去醫院等等，能像這樣一起度過平凡的日常生活，真的非常幸福。最重要的是，他可以親眼看著孩子一暝大一寸的驚人成長，更可以直接參與這個過程。對哲宇來說，這比什麼都珍貴。他不再是忙碌的爸爸，而是最棒的爸爸。幸好現在還來得及知道這是多麼幸福的一件事。

平台世界，實力比交際更重要

哲宇是設計網路系統、網站、行動裝置應用程式的開發工程師。只要是開發工程師，就會有個夢想，那就是離開束縛自己的公司，成為靠自己實力接受評價的自由工作者。然而安定的正職工作做久了，要選擇成為自由工作者，就不是那麼容易的事情。哲宇渴望讓自己的職業生活進一步升級，這需要挑戰的勇氣。

每天早上開始工作前，他會先上網到一個地方看看，那就是有七萬多名軟體開發工程師會員的平台。想要製作網站或行動裝置應用程式的顧客，就和上網尋找工作機會的開發工程師在此處相遇。例如當顧客在平台上傳製作快遞應用程式的委託時，就會有工程師去申請承攬這件工作，進而成立交易。

委託人不分男女老少，什麼樣的人都有，職業和領域也各有不同，委託目的也是五花八門。有的是為了製作個人工作室的網站，有的是為了設計教育內容的應用程式，也有公司需要開發內部自動化作業，或是新創公司要架構新事業等等。近來隨著線上購物和線上客服越來越活躍，網站開發成了必備條件，也為哲宇這類開發工程師帶來大量的工作機會。

在平台上想要簽訂合約，一般要經過三個階段；第一個階段是，當有客戶委託案出現，工程師就可以投遞個人作品集和估價單。第二個階段是商談，第三個階段就是簽約。哲宇每天早上都會逐一檢索新上傳的委託案，仔細分析哪些是自己可以勝任的、客戶的預算金額是否符合自己所訂的標準，然後才選出合適的委託方，提交自己的作品集和估價單、申請書。

若想提高專案承攬機率，至少要達到商談這個階段。因此申請時，哲宇就會彙整最與委託人想開發的專案相似的作品集送過去，這是為了讓客戶相信，他的經歷足以做出客戶想要的成果。除了作品集，第二重要的是申請書。哲宇會在這方面強調兩點，第一是誠信，也就是無論發生什麼事情都會嚴格遵守約定的時間；第二是彈性，也就是和客戶在價格方面還有協商的餘地。

委託人比較過幾位申請者，選定對象之後，就開始進行商談。之後如果有簽約意願，可以透過平台傳達，這時合約才算成立，可以開始履行工作。一件專案從申請到承攬，至少要闖過十：一的競爭率，是個不容小覷的過程。

但是哲宇認為這樣的過程更加透明和公平。在知道平台工作之前，哲宇曾經開過一家小小的IT開發公司，經歷很多事情。為了拿下一個專案項目，交際比實力更重要，而交際的範圍無窮無盡，從頭到尾要傷腦筋的事情太多了。當時想找個網路開發工程師，只能靠周圍認識的人介紹，而認識的人當中是否有不錯的開發工程師可以接案，全得靠人脈來找。所以在創業過程中，哲宇最孤軍奮戰的領域就是交際。為了接單和好多人見面，手機總是不離身，晚上也被大大小小的飯局占滿。要想同時攬下多項專案的話，就必須在交際上投入相當於工作時間的精力。通常拿到一個大項目時，業者會再發包給下游，所以交際就非常重要。比起開發工程師的實力，人脈與交際手腕才是更重要的評價標準。但是平台上就沒有「交際」這項評價標準，即使不去追著工作跑，平台上也多的是工作。這裡看重的，是哲宇的各種不同經歷，以及到目前為止的工作成果，委託人完全是看哲宇的實力才把工作交給他的。

就像這樣，哲宇在平台上所感受到的，是所有開發人員都站在同一條起跑線上。能不能接到案子，都是在相同的條件和標準下接受評價。因此，任何人都能在平台上擁有公平公正的機會。

從不後悔辭去大企業工作

或許是因為出身於韓國屈指可數的大企業，只要哲宇說自己離開大企業，現正從事平台工作的話，十有八九會問他：「為什麼要離開那麼好的公司？」這句話背後隱藏的意思通常是：「為什麼要放棄高薪？」大概大家都以為平台工作賺的錢，絕對沒有在大企業領的薪水多。然而，真的是這樣嗎？從結果來看，年資、經歷、實力兼備的哲宇，現在的收入比在大企業任職時還高。

但是，不能因此認為所有網路開發工程師的收入都像哲宇這麼好。哲宇是因為累積了超過十年的經歷，還有相對應的實力當後盾，才能獲得這麼高的收入。如果只是社會菜鳥的話，可就無法相提並論了。

網路開發人員屬於自由工作者，自由工作者不僅僅只是一個自由工作的人，在相關領域累積經歷和實力，自己的名字成了品牌，才能提高自我價值。

哲宇想要的也是自己的品牌。做為開發工程師，過去他在公司裡參與的專案短則三個月，多則六個月以上。但無論執行了多麼大規模的專案，項目結束之後留給哲宇的只有一行考核評語罷了。想起自己在那段時間裡，為了完成專案熬過多少個不眠的夜晚，連周末都到公司加班，埋頭苦幹。工作完成後的空虛感，反而比成就感更大，而這樣的空虛也隨著年資的累積變得越來越厚重。

「這項專案如果能由我個人來主導和進行的話，會怎麼樣呢？」「我這麼努力，全力以赴完成這個項目，但得到了什麼？」這樣的想法接二連三地浮現在他腦海中。最後他確信，如果自己成為個人工作者，全權主導完成專案的話，必然會獲得更大的成就感。而為哲宇解決這個煩惱的地方，就是平台。他在平台上實現自己的夢想，經歷了比想像中更多樣化的經驗。和過去只能負責公司指定的工作不同，他可以自己出主意、自己找工作。眼看著線上和行動裝置的市場日漸擴大，他也開始思考將線下市場轉移到線上的方法。

以手工皮鞋為例，為了訂製皮鞋，就需要親自到店量尺寸。而哲宇正在做的，就是設計出一個不必親自到店，只要利用手機就能量出腳的尺寸，再依此訂製手工皮鞋的服務。只要顧客把腳長、腳寬、腳的特徵拍下來上傳，客服就會直接聯絡顧客，彙總除此之外的其他要求事項後，就可以做出客製化的手工皮鞋。有不少業者對這樣的服務深感興趣，所以哲宇的這項專案正順利進行中。過去在公司上班時，每天忙著做一些分派下來

的感覺中都屬於積極的變化。

但是，哲宇還是有個煩惱。那就是雖然工作機會至今一直沒斷過，但這份工作他能持續到什麼時候？而且，做為上班族理應享有的四大保險、退休金、福利補貼，在他成了平台工作者之後就完全得不到保障。不僅如此，由於IT技術的發達，建立和擴充平台的費用比過去低廉，因此競爭也越來越激烈，單價更是越來越低。最後，哲宇為了擺脫無法為未來做好準備的焦慮，只好把眼光轉向儲蓄和投資。然而，這難道只是哲宇一個人的問題嗎？

不工作就沒有收入

「時間任選，工作量隨意」，就是造成平台工作者不安的最大因素。

因為換個方式解釋，這句話就是「做多少賺多少」。那麼，如果不工作的話呢？當然就賺不到錢囉！全職的平台工作者對待工作，不敢三天打魚、兩天曬網的原因也在此。在平台上，雖然都是自由工作者，實際上工作起來卻比任何人更認真，時間也更長。

哲宇主要在家裡工作。通常提到在家工作，很容易會以為是邊休息邊工作，哲宇一開始也這麼想。起初他在家工作的時候，一家人每天都像放假一樣。自從哲宇不再需要出門上班，全家人共度的時間就多了起來，家事和育兒等該做的事情也一一出現在眼前。這些事情夫妻兩人可以一起處理，家人之間相處的時間也比以前多，算是一種好的變化，然而也因此出現一個問題——陪伴家人，必定就會影響到工作進度。每次和家人一起享受歡樂的時間，相對地就得工作到深夜，甚至得熬夜。

身為一家之主，哲宇最害怕的就是沒有工作。只有平台上的工作接連不斷，才會有源源不絕的收入進帳。不工作，就沒有收入。雖然無情，但現實就是如此。

在平台上想得到工作，最重要的就是價格競爭力。一項專案的競爭率至少是十：一，想從中脫穎而出，即便稍微吃虧也要配合委託人提出的價格報價。提交估價單的時候，很多人會把報價減個一百萬韓元（約台幣兩萬三千八百元）。不是委託人想壓低單價，而是競爭者為了勝出，自己降價的。這麼低的單價卻得全部由平台工作者來承擔，最後大家只好少睡一點覺，多做一些工作。

雖然單價變得越來越低是個問題，但合約上沒有註明的額外工作接二連三地增加，也成了很大負擔。譬如網路服務開發之類的工作，過程中常常出現工作分量一點一點增加的情況。這是由於委託人和開發人員之間，彼此對工作範圍認知不同所發生的情況，這時開發人員就成了被剝削的「乙方**（譯註：韓國合約中通常以僱主爲甲方，受僱者爲乙方）**」。面對客戶提出合約上沒有的內容或不當的要求，哲宇大部分都會接受。很多情況下，即使造成額外費用，他也不會再多收取，因為這一次的工作也有可能會影響到下一次的工作。

說到底，在平台上活動的網路開發人員也避免不了一件事情，那就是——星級評分。哲宇也同樣被客戶的評分和評論所箝制。如果星級評分下降或出現差評的話，絕對不利於下一項專案的承攬。最糟糕的是，一旦評分和評論有誤，是無法重新更正的。

有一次因為客戶的追加要求，哲宇比預期多投入一個星期的時間，才完成客戶的委託案。當然，他並沒有收取追加的費用，但是委託人卻以哲宇沒能在約定期限內完成工作為由，留下了差評。雖然事實並非如此，哲宇卻申訴無門。他唯一能做的事情，只有以「此內容與事實不符」的回覆方式，輾轉為自己辯解。在平台上，即使發生了像這樣冤枉的事情也找不到地方申訴。因此只能再三小心，最好不要有任何問題發生，盡最大可能做到客戶的要求。然而，工作順利完成後也不見得就能放心，因為下一個工作還不知道在哪裡。星級評分會帶來什麼樣的影響，是否會持續出現適合自己的新專案也是個未知數，完全無法保障明天的工作。

在平台工作的同時，哲宇的睡眠也顯著減少，焦慮讓他難以成眠。雖然靠著認真接案，收入比在大企業上班時還高，但他還是十分不安。所以即使工作順利，他還是習慣流連在平台上繼續尋找下一個工作直到夜深。身為一家之主，他只能不斷地鞭策自己，不讓自己陷入「無所事事」的狀態。

每周工作九十小時

新冠疫情完全改變了我們的日常生活，不用到學校也能聽老師講課，不用到公司也能透過視訊開會。甚至有人預測，未來可以像現在這樣，沒有實體公司存在也沒問題，更說不定這樣的世界會提早到來。從這點來看，平台工作者不就可以說是居家辦公的始祖嗎？

離開大企業成為平台工作者的哲宇，也同樣選擇了居家辦公。剛開始的時候，他很在意周圍的人把他當作無業遊民的眼光。另外，還有工作與休息無法分離的問題，讓他因此在時間管理上出現一些困難。經過幾次失敗的嘗試後，哲宇養成兩種習慣，以便更有效率地工作。

第一是時間管理。以前還是上班族的時候，他從沒做過時間管理，因為每天的安排都是固定的。但是不去上班之後，最困難的事情就是時間管理。如果和妻子在家裡一起做家事，照顧凡事都需要大人費心的孩子，往往就會耽誤到真正重要的「工作」。

居家辦公初期很難專心在工作上，因此哲宇就整理好以每日、每周、每月為單位的計畫，把專案的截止日做為目標，寫下期間該完成的工作。這麼一來，就算有好幾項專案同時進行，日程上也不會手忙腳亂。最重要的是，這件工作不是哪個人指定的，而是自己找來的，所以若想依約如期完工，時間管理就非常重要。即使自己在時間安排上非常自由，但任何專案的完成都需要一定的時間，因此如果想有效率地完成工作，時間管理絕不可少。

第二是空間管理。和上班族碰到周末、國定假日在家休息也有薪水可拿的職場生活不同，平台工作的結構是做多少賺多少，所以平台工作者大多沒有工作和休息的界限。因此在家工作時，空間上的區隔就很重要。有好幾次哲宇工作到深夜回房間睡覺時，不經意就吵醒了妻子。當初單純地以為就是在家工作而已，但隨著工作時間拉長，他決定在空間上做出明確的劃分。

過去只在更衣室裡放上一張書桌就當成工作室，現在再看，就會發現這裡已經變成哲宇的辦公空間。為了提高工作效率，這裡有一張大大的辦公桌，上面配備了一台高端電腦和三台顯示器，角落還放了一張折疊床，讓他工作到深夜的時候，可以在這裡暫時睡個覺。他曾經在專案臨近截止日期前，整整一個星期都待在這個空間裡，家人也完全適應了這種模式。

「平台工作沒有基本時薪這回事，更別提一周工時五十二小時制（**編按：韓國總統文在寅於二〇一八年七月開始實施的工作制度，旨在縮短常被戲稱爲「無人道般冗長」的工作時間，改善工作與生活的平衡。二〇二三年三月韓國僱傭勞動部等相關部門，擬將每周工作時間上限提升至六十九小時**）。勞動強度反而更密集，也更大。」

平台工作是沒有基本時薪的，現在廣泛落實的「一周工時五十二小時制」也不適用於哲宇，所以一個禮拜動不動就工作超過九十小時。工作與休息的界限早已消失多時，簡單的外出，甚至度假時，他都帶著筆記型電腦出門，萬一客戶臨時提出要求，他便可以當場打開電腦即時處理業務。只要隨身攜帶一台筆記型電腦，何時何地都可以工作。但是換句話說，這也代表隨時隨地都必須工作。

哲宇也不忘自我提升，過去在公司上班的時候可以向上司或同事學習，也定期接受培訓提高業務能力，所以從來沒有想過要額外做一些提升自我的事情，也沒有認識到這件事的必要性。但是在他從事平台工作之後，這種想法就完全改變。尤其和其他任何領域相比，IT業界對技術和趨勢都更為敏感，所以哲宇不僅定期閱讀相關書籍，也會查詢資料，努力不懈地研究。這樣積極學習，對趨勢所產生的敏銳感和實力，直接關係到他的收入。自己做得越多，為了做好工作而投資自我學習的越多，就越能看到這些與收入的直接關係，所以絲毫不能疏忽。

平台上，萬事皆COOL

平台工作是第四次工業革命的新趨勢，人們透過平台更活躍地進行交流，就連工作也同樣在平台上交易。就像那句有名的話「我們又不是外人」一樣，在工作中，學緣、地緣、血緣都很重要。

哲宇過去工作時也曾經依賴過血緣、地緣、學緣，還因此受益良多。但若要舉出在公司上班時最痛苦的事情，還是人際關係。不僅要和上司、同事親密相處，三天兩頭一起見面吃飯，還要參加部門聚餐等等，比工作更費心。

但是在平台上工作，這些事情大部分就沒那麼重要了。平台上建立的人際關係非常酷，總而言之就是好聚好散的關係，工作結束後就各走各的路。因為這是一種「各取所需」的單純關係，只要工作做好就行，其他的事情都可以不管。就連禮貌上「一起喝杯酒」「一起吃頓飯」這樣的客套話都不需要。做好這次工作就是最佳的表現，「下次再一起合作」就是最棒的稱讚。早一步進入平台工作的哲宇認為，平台工作反映了現代最新的趨勢。

ＩＭＦ金融危機**（編按：一九九七年亞洲爆發金融風暴，韓元大貶，股市崩盤，企業大量倒閉，外匯存底爆減，不得已只好向國際貨幣基金組織ＩＭＦ申請緊急救助貸款，韓國因而喪失經濟主導權）**以後，韓國社會的正職工作逐漸減少，非正職工作和外包比率大幅增加。同時，第四次工業革命也開啟了「論件計酬」的平台工作時代。即使是在金融危機之際，人們對工作性質的看法也只有兩種，那就是正職和非正職。一般人認為，正職才是好的工作崗位，非正職是不好的工作崗位。

但是在平台上，藉由以個人經營者型態而非勞務者身分簽訂的合約，來強調「你和我是平等的簽約雙方」，因此管控的方式不是靠創造利潤的工資，而是根據業績的「論件」計酬，甚至讓客戶也參與評價。總而言之，在資本主義中建立並維持創造利潤最有效的方式，就是平台經濟。

全世界提供超短期勞動的臨時工作者正不斷增加，即時接單工作的非正職型態工作者，像是共享計程車司機、平台宅配司機、網路開發人員

高中畢業，也能斜槓出頭天

▼

Kmong 平台彩妝造型師

平台工作者：金秀陽

Kmong 成立於 2012 年，是個人可以在設計、商務、電腦、音樂等領域銷售和購買服務的韓國國內線上人才市場。

高中畢業學歷的標籤

秀陽是近來大家都夢想成為的「斜槓族」。主業是彩妝造型師兼髮型設計師，同時也是「一對一」彩妝課程講師、經營影片頻道的網紅及平台企畫者。以自己的興趣和才華身兼多職是近來的趨勢，但秀陽會成為斜槓族，是因為身上貼著高中畢業的標籤。

秀陽之所以踏入彩妝界，是聽從身為美容師母親的勸告。她從初中時期就一直是母親的好幫手，而且一學就會的本領和手藝也與眾不同。她的母親注意到這一點，所以希望女兒能走上美容師這條路，便說服了原本想學韓國畫的女兒，送她去上彩妝師培訓學校。於是，十五歲的秀陽就這樣一腳踏進彩妝的世界。

彩妝造型師秀陽總是帶著一堆東西，在路上遇見她的話，十有八九會以為她要去旅行。身材嬌小的她，拖著一個二十四吋行李箱到處跑的樣子讓人印象深刻，行李箱裡裝滿了各式各樣超過數十種的彩妝工具。

其中最顯眼的就是一個陳舊的化妝箱。她從開始學習彩妝造型時就一直用到現在，不知不覺也用了十一年。雖然是個陳年老箱子，但秀陽就是捨不得丟，因為她太珍惜彩妝成為自己的全部、自己夢想的那一刻。

雖然當初是在母親的勸說下才踏上這條路，但彩妝工作確實非常適合秀陽，結果她一門心思就堅持到現在。其實，秀陽還是初中生就決定成為彩妝造型師的時候，也遭到許多人的誤解，總有人說：「不想讀書才去學那種東西！」「小孩子學什麼彩妝！」「就是個花架子，虛有其表。」

十五歲，比起彩妝，應該是更喜歡和朋友聊天玩鬧的年紀，但秀陽的夢想種子卻已經在此時萌芽。比任何人都更努力培養實力的她，高中畢業前就已經拿到了五種彩妝證照。這是因為她早就知道自己家境不好，所以根本不考慮上大學，一心一意學習彩妝才得到的結果。秀陽可說是盡了最大努力，一步步朝著自己的夢想邁進。

憑藉著小小年紀就學到的技巧，秀陽也比其他人更早開始社會生活。她趁著學習彩妝的空檔，十八歲就開始在大學電影拍攝現場的化妝組打工賺零用錢，也因此才能在高中一畢業就馬上在電影製片公司化妝組任職。到此為止，秀陽覺得自己「運氣實在是太好了」！

然而，電影化妝團隊的工作並不輕鬆。電影製片公司的化妝組不僅頻繁換人，而且因為是短則一個月，長也不過三、四個月的短期工作，想達到經濟上的穩定還很遙遠。

做為彩妝造型師，想擁有穩定的收入，最好的方法就是到彩妝店工作，這樣才能每個月領到固定的薪水。但是對秀陽來說，進入彩妝店的門檻太高了。想應徵彩妝店，最少需要有大學畢業以上的學歷，而秀陽本身並沒有大學畢業證書。

換句話說，她不符合基本條件。

「必須要有專科大學畢業的學歷才行。」

「至少要四年制大學畢業才可以。」

「想在我們店工作，必須先從我們集團經營的培訓班結業才行。」

面對連履歷表都無法提交的現實，秀陽想成為最優秀彩妝造型師的夢想瞬間成為泡影。當時，秀陽的挫折感真是難以用言語來形容。「學歷」就等於「實力」的就業市場，對她來說真的太無情了。

過去她為了成為一名彩妝造型師，盲目地全力以赴，如今回顧那時的生活實在淒慘無比。別人都去上大學，她卻選擇放棄。現在想想，這個選擇似乎是錯的，這讓她十分難過，甚至有種至今為止的所有努力全被否定的感覺。「這就是所謂失敗的人生嗎？」「事到如今，我是不是該放棄彩妝造型師的工作？」秀陽開始有了痛徹心扉的苦惱。

自由工作者世界中，所謂「好口碑」的人

「自由工作者」一詞逐漸成為流行，大家應該多多少少從媒體或周遭的人口中聽過「自由」這個詞，比如電台主播們的「自由宣言」等等。這裡的「自由」，就是「自由工作者」的簡稱。他們不是正式受僱於哪家公司或哪個團體的員工，而是自由地簽訂合約工作。不像一般上班族朝九晚五規律地上下班，他們只針對合約上的業務，「自己決定」工作時間。

因為新冠肺炎大流行，造成大規模解僱、放無薪假，或是縮短工時等情形，使得正規勞動市場一片哀嚎，反而是自由工作者市場欣欣向榮。根據線上自由工作者接案平台「Freelancer」網站最新的報告，二〇二〇年四月至六月，徵求自由工作者的件數有六十萬五千件，比去年同期增加了四一%。

我們耳熟能詳的「自由工作者（Freelancer）」一詞，究竟從何而

來?英文語源可往上追溯到中世紀時期，指出自由的（Free）長矛輕騎兵（Lancer），他們不隸屬於特定的國王或貴族，而是自由自在地流浪找尋工作，也就是「傭兵」的意思。所以，不像一般普通騎兵擁有主君，於一定期間效忠僱用領主、自由闖蕩的人，就被稱為「Freelancer」。從長矛輕騎兵「不受任何羈絆、自主獨立」的這層意義來看，似乎和現在的自由工作者有一脈相通之處。

秀陽也是自由工作者，自由地接案、自由地工作，但這些大多屬於超短期、論件計酬的工作。華麗的照明背後有一群默默工作的人，她就是其中之一。拍攝時裝秀寫真的現場裡，秀陽身兼兩職，負責彩妝造型和髮型設計。拍攝期間的她一刻也不得閒，只要聽到導演喊卡，她就趕緊為模特兒梳理被弄亂的髮型、配合照明修容。幾縷髮絲和妝容狀態會影響到完成度，所以要仔細觀察。拍攝進行期間目不轉睛盯著模特兒看的秀陽，顯得非常專業。

之所以對指定工作如此盡心盡力，是因為所有工作對她來說都是第一次，也是最後一次。她認為自己的工作就和「短期工」沒兩樣，對於被客戶選中才有工作可做的自由工作者來說，交織他們命運的不是穩定的僱用合約，而是「論件」的合約。對秀陽來說，最好的情況就是一次工作結下的緣分能延續到下一次、再下一次的機會。為此，她才會將所有的工作都當成累積經驗，全力以赴。今天的工作對秀陽來說也是一次特別的機會，有攝影棚要找彩妝造型師，輾轉透過關係找人，最後終於聯絡到她。

為何指定找秀陽呢？可能是因為她的好口碑吧。自由工作者的世界中，「口碑」是選擇對象時衡量的重要指標。那麼，口碑好的人究竟是哪種人呢？如果一定要說的話，像是做事能不能幹、性格好不好、遵不遵守約定、能不能做出成績、好不好相處、年紀會不會太小、經驗夠不夠豐富等等，衡量的標準五花八門。幸好，秀陽在周遭擁有好口碑，因為她從初中開始到現在，長期累積下來的彩妝手藝在實戰中大放光彩，更隨時隨地保持笑容，給人留下好印象。因此，透過許多認識的人介紹，她一直都有源源不絕的工作進來。

「不是公司裡的正式員工。」——在自由工作者心中的一角，總是存在這樣的焦慮。

「如果接不到工作怎麼辦？」——沒有可以在一定期間內保障自己生活的固定工作，這雖然會成為今天得比昨天活得更認真的動力，其中未嘗不存在無法擺脫焦慮的意思。

離開故鄉，北漂首爾已經六年了，秀陽每一天都有深切感受。光是照顧好自己一個人就很困難了，內心深處也總是擔憂「會不會有一天誰都不來找我了？」這也是每個自由工作者不得不一直尋找活路的原因。秀陽認為這是身為自由工作者的一種宿命，她也因此開始關注起更多的事情來。她之所以會對平台工作感到興趣，或許是理所當然，也或許是無可避免的事情。

讓人無須放棄夢想的平台

在秀陽輾轉尋找工作，徬徨不安的時候，她也曾夢想有個正職的工作崗位。但就算有這樣的機會，也會因為她只有高中畢業的學歷而頻頻受挫。偶然透過好友的介紹，她知道了「人才共享平台」這種地方。

「妳要玩到什麼時候？妳不是說想當老師，那就去做呀！」好友還記得她高中時期一面上課，一面學習彩妝時說過「想當老師」的話。

早早就開始學習彩妝的秀陽，在朋友之間算是傳授「化妝方法」的老師。她不僅把化妝的方法教給對彩妝開始感興趣的同學，還會幫她們化妝，這也是她的另一種樂趣。但最重要的是，同學們的反應讓她非常有成就感。同學們一臉幸福的表情，還有看到秀陽實力大讚一聲「好厲害」，都給了她無比的力量。秀陽就是從那個時候開始想從事教人化妝的工作。

「好吧，不管怎樣，先做做看再說！」當她下定決心之後，事情的進行一氣呵成。而在秀陽轉移了關注焦點，她發現人才共享平台上對她的要求不是大學畢業證書，而是她目前所擁有的才華和經歷，再加上一支手機就夠了。

身為彩妝造型師的秀陽，是在二〇一八年投入平台工作，那時幾乎還沒有人在平台上交易化妝術，秀陽算是一名開拓者，親身展示可以在平台上販售「化妝」這項才華。雖然以平台為媒介進行的一對一彩妝課程，是秀陽最有自信的領域，但她的經歷也在其中發揮了很大的作用。「或許就像朋友說的那樣，別人也想知道怎麼化妝吧？」「如果真是那樣，是不是就可以不受時間的限制，販售我的才華和能力呢？」於是，她開始在平台上將這樣的想法付諸行動，得到了爆炸性的反饋。

現在這時節，只要有心就能輕鬆體驗「一日課程」，所以或許有人會反駁：「那有什麼了不起的？」但是，當初秀陽破天荒在人才共享平台上發布「彩妝一日課程」的公告時，有需求的人並不像現在這麼多，而且發布公告後也不是隨便就有顧客上門，必須符合顧客的需求才行。

至今，秀陽對那天的事情仍記憶猶新，就是第一次教授「一日課程」的那一天。因為是在人才共享平台上遇見的第一位顧客，深具意義，所以她盡了最大的努力。原本預定一個半小時的課程，她教了超過兩個小時。那天結束彩妝課程，回家的路上秀陽陷入了複雜的情緒裡——沒想到過去苦苦追求的事情，竟然這麼簡單就做到了。只不過是在平台上發布彩妝課程的貼文而已，竟然如此輕易就能找到顧客。她覺得當初因為無法在彩妝店任職，就萌生放棄念頭的自己簡直愚不可及。另一方面，她的心情也很複雜。既沒有大學畢業證書，也不是知名彩妝店出身的自己，竟然能以這種方式賺錢，她打從心裡由衷地感謝。在如此複雜的情緒裡，第一位顧客所留下的評論給了她很大的安慰。那天，她在街上一邊嚎啕大哭一邊回家。

「我不知道該怎麼化妝，自己也不擅長，所以一直覺得化妝很難。您的解說簡單易懂又有趣，學習過程十分愉快，而且您還為我們重新整理教過的內容，又推薦了適合我們膚質的產品。上完課，我們一邊逛彩妝店，一邊挑選彩妝產品，真有意思。今天的課程助益良多，妹妹和我都非常滿意。感謝您！」

那天的一日課程賺了十萬韓元（約台幣兩千三百八十元），秀陽就以自己賺到的這十萬韓元，盡情享用愛吃的炸雞和啤酒。過去以為永遠無法實現的夢想，或許平台就是實現這個夢想的新舞台，她對此充滿期待。

公平的世界，恰逢其時

現在這個時代，一切都可以靠手機連結起來，但是在平台工作剛出現的時候，卻是一條從來都沒有人走過的路。然而對於長期做為自由工作者的秀陽來說，她身經百戰，這根本不是問題，即使篳路藍縷，她也想挑戰新世界。而平台的世界從另一方面來說，也是她實現渺茫夢想的機會之地。

當秀陽想教授彩妝課程時，從社會上得到的反饋都是相同的質問：「大學畢業了嗎？」「有證照嗎？」

但平台世界就不一樣。不會有人問她有沒有學歷證書或職業證照，而是問她：「妳想教什麼？」「有哪方面的經歷？」平台給了秀陽機會，讓她可以做自己想做的事情。

從小操作數位語言和設備就像使用母語一樣駕輕就熟的世代，被稱為「數位原民（Digital Native）」。對這個世代來說，平台充滿了機會，讓他們可以應對不確定的未來。平台對任何人都是開放的，只要看 YouTube 就知道，不管是不是知名人物，都站在同樣的出發點上介紹自己的作品，並根據作品的數量和品質有不同的訂閱人數，那才是一個真正不分男女老少、地位高低、國籍所屬的地方。就因為每個人都擁有公平的機會，所以秀陽覺得平台世界比至今她所經歷過的社會更公平。平台世界不會要求過往經歷稍微與眾不同的秀陽，必須達到社會上所要求的規定標準，而是以實力來評價她。

平台上最重要的是星級評分和評論。實際上，申請一對一彩妝課程的顧客們對秀陽授課的星級評分和評論，會大大影響到其他人的選擇。五顆星對平台工作者有著特別的意義，因為星級評分的高低左右著他們的收入，所以在平台上收獲高分非常重要，這樣的結構也導致平台工作者不得不在意星級評分。為了得到高分，就要滿足不特定多數人的要求。想要做到這一點，光靠彩妝實力是不夠的。從和顧客見面的時候開始，到工作結束的那一刻為止，要注意的事情不止一、兩件，約定時間和迅速回覆是基本條件，最好還要習慣性保持親切和藹的語氣。

對於論件計酬的自由工作者來說，時間就是金錢，但為了讓顧客滿意，好讓自己得到想要的星級評分，超時服務已經成了家常便飯。有時候就算吃虧也要提供各式各樣的「回饋」，更不忘在課程結束時拜託顧客給自己高分，留下好評。或許有人會反問，相較於看重學歷的現實世界，重視星級評分和評論的平台世界不是更無情嗎？但秀陽認為，把「學歷」當成「實力」的就業市場才更殘酷。或許，不按照社會所訂定的標準，端看個人所付出的努力來決定收穫的平台世界，才是秀陽到目前為止所接觸過的所有世界裡，最公平的地方。

秀陽的顧客服務牽涉到她的星級評分和評論，當她日復一日拖著行李箱到處跑的同時，許多人上完她的課程之後留下評分和評論，其他顧客看到這麼多評論之後，就會選擇她。因為平台上的這種良性循環，秀陽得到了更多的機會。

一對方的平均回覆時間寫著一天或兩天的話，大概就會被顧客自動淘汰掉。

秀陽的平均回覆時間為「一小時以內」。回覆速度在平台上是重要的競爭力，尤其韓國人特徵之一的「快點快點」，在平台上也不例外。越快回覆的人越能取得先機，而這一切全都和收入有直接的關係。因此隨著平台上的競爭日漸激烈，回覆時間看似小事，卻儼然成了選擇時的重要指標。

平均回覆時間要在一小時以內，得隨時盯著手機看才有可能做到。秀陽不只隨時隨地攜帶手機，就算是半夜一點以後，只要有顧客諮詢的訊息傳來，如果還沒睡，就一定會回覆，睡覺的時候手裡也經常握著手機。為了不錯失任何一個顧客，秀陽不得不這樣做。一開始對平台還不熟悉的時候，秀陽經常錯失顧客，因此她才會一直提心吊膽，怕沒聽到手機提示音，甚至連手機電池量接近〇％也不想放下。這樣的生活方式讓人不禁想起「五分鐘待命組，二十四小時營業中」這句話，這也解釋了為何「下班」一詞對她是個奢望，因為只要是清醒的狀態，她所有時間都被工作，或者和工作相關的事情占滿。

從事平台工作的過程中，因為整天用手機聯絡顧客、見面商談，秀陽無可避免地患上「龜脖子（頭部前置錯姿）」，最近還得到乾眼症。二十多歲的秀陽一笑置之，表示凡是現代人都會有一、兩種病痛，這是認真工作才會得到的病。

因為有了平台，她得到的遠比失去的多。不僅保住了差點放棄的彩妝造型師職業，還能靠著自己喜歡又擅長的事情維持生計。最重要的是，她實現了從小就渴望的夢想，成為彩妝講師。

不要以為平台工作者是用滑鼠點幾下就能完成交易的輕鬆勞動，像秀陽一樣把平台當成機會的人們，今天也在激烈的競爭中迫切尋找工作機會。問題在於，這種戰爭有越演越烈的趨勢。秀陽剛開始在平台上開設化妝課程時接到了很多工作，但沒過多久，人們蜂擁而至。即使是在彩妝領域，也有越來越多資歷好、教學課程佳的競爭者出現。人才暴增的情況下，平台業者不久前開始以使用費、管理費、廣告費等名義，拿走收益的一〇%做為手續費。在如此激烈的平台上要想生存下來，最需要花費心思的就是管好星級評分。

激烈的星級競爭

平台的世界裡，不管是平台工作者還是顧客，關注的都是星級評分。事實上在我們的日常生活中，星級評價也非常重要。在選擇新的課程、造訪美食餐廳或美容院，甚至飲食點單外送，還有比星級評分更重要的標準嗎？俗話說，初次見面三秒決定第一印象，平台上也是一樣。判斷一場講座好不好，一家餐廳美不美味，也不會超過三秒鐘。為什麼呢？因為有星級評價制度的存在。

只要是使用過平台的人，一定都打過星級評分，有的是回答固定問題後給分，也有的按照自己的標準給分。這麼多人的評價彙整之後，就形成了所謂的星級評分。

秀陽為了獲取高分，便努力提供顧客更多優惠。教授彩妝課程時，場地的租借費用原本應該由顧客負擔，但秀陽通常會自己承擔，算是提供給顧客的一種服務。如果到距離較遠的地方上課，通常還得加上交通費，但秀陽多半不另收這筆費用。還有，和顧客約定的上課時間是九十分鐘，但開始上課之後，經常會超過預定時間。對平台工作者來說，時間就是金錢，秀陽對此也毫無怨言。因為她認為，滿足顧客的需求才能確保長期的收入。秀陽在從事平台工作的過程才領悟到，即使只是給顧客一點小小的優惠，最終得到的回報就是星級高分。

「萬一明天的課程我少拿了一星或半顆星的話，那麼平均評分就可能掉到四星或四．五星。再加上萬一有人上傳了一篇負評，我的形象就會整個崩壞。」

這不禁讓人想問，是不是連這麼瑣碎的事情也要花費心思才能維持星級分數？回答是「沒錯！」平台的世界裡，工作者就如同商品一樣被標上星級進行交易。因此到顧客給出星級評分之前，一直都得戰戰兢兢的。儘管也對這點感到不滿，但秀陽還是認為星級評分也算是一種客觀的指標。過去透過周圍的介紹或人脈找工作的時候，「她人不錯」這種主觀的評價就很重要，但在平台上則有了具體可以理解的標準。上過課的當事人會留下所見所聞的率直評論，再打上星級評分，以此證明她是什麼樣的人、擁有多少實力。

秀陽連續兩年維持五顆星的成績，占據獨一無二的地位，評論區也是一片稱讚。只要能好好管理星級分數，平台業者還會特別加分成為「黃金等級」，這是人才共享平台各領域前二％的人才能得到的一種動章，也可說是平台業者認可和保證的一種標誌。因此，獲得黃金等級的人必然會吸引更多顧客。在平台工作者越來越多的情況下，獲得業者頒發勳章的人就等於品質有保證，所以顧客會更放心地信任她。之所以能同時讓顧客和平台業者都滿意，是因為她身在平台這個範疇裡。平台一手包辦了廣告、宣傳和結帳系統，如果要她一個人做這所有事情，她大概連第一步都不敢踏出。

雖然秀陽很早就投身在平台的大海中，比其他人享有更多優惠，但她深知這只是短暫的。身為平台工作者，如果不能負起責任全力以赴，就算已經做到了盡心盡力，星級評分也有可能隨時掉下來、隨時出現負評。對秀陽來說，平台是再好不過的職場，但同時也是不久後必須離職的「殺伐之地，說她像個「隨時做好離職準備的上班族」，其實也不為過。

平台上最耀眼的我

秀陽的母親金花女士，在平澤（**編按：位於首爾南方約七十公里的小鎮**）經營一家小小的美容院。已經有二十年美容師經驗的母親，對秀陽來說就是一位高山仰止的老前輩。即使北漂首爾獨自生活，秀陽一有空還是會回到故鄉，協助母親的工作。母女雖然都走上相似的一條路，但工作方式卻截然不同。母親花大錢開了一家美容院，然後才開始陸陸續續出現固定的老顧客；秀陽不需要開美容院，只要能連接上手機裡的平台，隨時隨地都能尋覓工作、找到顧客。母親必須遵守朝九晚九的營業時間；秀陽卻沒有固定的營業時間。也就是說，不受時間和地點的限制，隨時隨地可以工作，也必須工作。

母女兩人雖然在同一個領域工作，工作的方式卻完全不同，因此在新冠疫情期間，兩人也走上了不同的道路。在平澤經營美容院的母親受到新冠疫情餘波的影響，面臨嚴重的危機。當防疫措施提升到保持社交距離的階段時，她不得不停止營業，生計也受到了很大的打擊。對於二十年來風雨無阻，即使抱病也要開門營業的金花女士來說，這真是一場莫大的考驗。

新冠疫情對秀陽來說也是一大危機。彩妝是必須直接面對顧客進行的工作，現在連見面都不允許，就無法進行課程。但是秀陽卻將危機轉變為機會，開拓了一個新領域，就是她心中考慮多時的「美容總監（Beauty Director）」。有了這個想法之後，秀陽比過去更加忙碌，挑戰美容總監工作成了困境的突破口，而這份工作的起點也同樣是平台。

秀陽一面進行一對一彩妝課程，一面在 YouTube 上開設頻道。課程中，顧客們會提出一些相同的問題，她還想著該如何才能有效地廣而告知，於是乾脆開設 YouTube 頻道。這樣不僅能提供優質服務給更多人，也能得到更高的星級分數，因此她才有活用這些附帶內容（Contents）的想法。初期靠著顧客口碑，訂閱人數維持在千人左右。新冠疫情爆發之後，訂閱人數就突破萬人。充滿個性和獨到經驗的 YouTube 影片，讓秀陽成為公認擁有十年以上彩妝經驗的講師，以及實力深厚的專家。

秀陽就如此開拓了美容總監的新領域，成了斜槓族。最近她快樂得想尖叫，因為有好幾家彩妝業者向她遞出了橄欖枝，有一大堆委託請她在頻道上代為介紹化妝品或彩妝工具。她白天拍影片，晚上編輯內容，一天二十四小時根本不夠用。如果沒有長期以來在平台上一點一滴累積下來的經驗，或許就沒有現在的她。秀陽至今從來沒有走在世上所規定的道路上，取而代之的是，她能敏銳地捕捉新的變化，過著充滿挑戰的生活。她清楚地知道，自己在「平台」這個新舞台上，比任何人都耀眼。

自由工作者的生活充滿孤獨。沒有歸屬的職場，自然也沒有上司、下屬等同僚。但未來的世界將屬於自由工作者，而不是正職工作者。因為新冠疫情改變了大家對職場的概念，越來越多的年輕世代想要過著不隸屬於任何職場的獨立生活。秀陽為這些自由工作者加油，而她想成為這些默默為自己開路的自由工作者「前導」。自由工作者的自主性得不到保障，卻必須為自己所有的選擇負責。秀陽深知那樣的負擔有多重，所以哪怕只有一點點，也想為他們分攤重擔。當一個人看不見前路的時候，如果有個走過同一條路的人存在，心裡不知道該有多踏實！

「是平台告訴我『這件事妳做得非常好』！是平台支持我『只要努力就會成功』！」

與時間和安全比賽

▼

Baemin Riders 機車外送員

平台工作者：朴正勳

Baemin 為 Baedal Minjok（배달의민족）的縮寫，中文譯作「外送民族」，為韓國一家外送獨角獸公司。Baemin Riders 是指「外送民族」平台的機車外送員，標榜即使只有一個小時的空閒，也能申請成為兼職外送員。

鐵皮箱和外送員

從二〇〇二年上大學的時候開始，就常去學校前面的一家中華餐館，那裡的炒碼麵（海鮮辣湯麵）很有名。每到午餐時間，至少要排隊等上三十分鐘才吃得到。那時候這家餐館在大學附近以好吃聞名，所以餐點外送員也特別多。「鈴鈴鈴～鈴鈴鈴～」只要電話鈴聲響起，就會看到外皮用紅漆寫著中華餐館名稱的鐵皮箱被拎到摩托車上，外送餐點到顧客手上。餐館結帳櫃台後面的牆壁上貼著一張大大的地圖，對外送員來說，應該就發揮了現在的「導航」作用。

這樣回憶中的情景，如今只有在連續劇《請回答》（응답하라）系列裡才看得到。但是我們現在也依然會訂購美食外送，要說有什麼改變的話，就是不再直接打電話到中華餐館，而是改為使用外送平台的ＡＰＰ。外送員拿在手上的，也不再是寫著中華餐館名稱的鐵皮箱，而是印著外送平台業

者標誌的外送箱。

而且，雖然肉眼看不見，但外送員的「身分」也有了改變。那時候的「鐵皮箱外送員」是中華餐館僱用的員工，每個月不管工作量多少，只要準時上下班就能拿到議定工資。但「平台外送員」沒有固定的上班地點，也就沒有固定的上下班時間，所以是以論件計酬的方式，送得多拿到的配送費就多。而且因為不是某一家餐廳僱用的員工，所以外送餐點的種類五花八門，韓式炸醬麵就不用說了，披薩、辣炒年糕，甚至連咖啡什麼的都可以送。

中華餐館外送員消失了，「Rider」外送員接著登場。隨著被稱為「第四次工業革命」的IT技術發展，即使不直接僱用外送員，也能隨時透過平台採取「論件僱用」的方式，以「共享經濟」之名，開創了多家餐館共享一名外送員的時代。在這個有「職業」卻無「職場」的時代，保溫箱上以俏皮句子引人注目的平台標誌，取代了楷體字的餐館名稱，載送著保溫箱的美食外送員就此登場。

論件人生，秒殺競爭

周六下午四點，Rider 外送員正勳出門上班，發動機車抵達餐館密集的首爾弘大鬧區之後，就趕緊啟動 Rider 專用程式，按下「出勤」按鈕。周六下午五點到八點，在外送員之間通稱為「外送呼叫爆炸時間」，也就是說，這段時間是外送單蜂擁而至的「高峰期」。

正勳一啟動APP就聽到「叮咚」一聲，應用程式畫面上顯示出正勳所在位置到餐館的距離、餐點種類、外送價格等資訊，外送員可以在這個待命畫面上承接自己想要的外送單。就在他想選擇配送費還不錯的外送單，那一瞬間訂單竟然消失了。這是怎麼回事？原來是正勳猶豫不決的時候，這單外送已經被其他外送員先接過去了，這就是美食外送員之間如同戰爭一般激烈的秒殺競爭。

「這個系統論件計酬，外送單都是即時可見的，所以幾秒之間就得選定要接哪張單。剛才那單的配送費是三千韓元（約台幣七十二元），就像這樣，每秒都會出現三千韓元、四千韓元、五千韓元不等的外送單。」

正勳在說明外送系統的時候，待命畫面不斷有許多外送單出現又消失。考慮的時間越長，機會就會變得越少。外送員需要的是比邏輯更快的判斷，比眼睛更快的雙手。

正勳跨坐在機車上，眼睛盯著手機看，不停用手上下翻動畫面的模樣，彷彿股市交易員一般。待命窗上的外送單就像即時交易圖表一樣，也不斷地以秒為單位閃現閃消。

○○豬腳，兩公里，三千五百韓元

○○辣炒年糕，一．五公里，三千韓元
○○炸雞，三公里，四千韓元

根據到餐廳接餐和送餐地點距離的遠近，配送費也不一樣。在大量湧現的外送單裡，正動終於按下接單按鈕，是距離目前位置不遠的豬腳店外送單。下午五點，他才終於接下第一單。

「您好，我是Rider外送員。」正動一走進店裡，就在APP上按下「到店」按鈕。要送的豬腳已經包裝好了，他又確認了一次包裝上貼的送餐地點和APP上標示的地址是否一致，要是稍有不慎拿錯了餐點，餐館和外送員都會陷入難堪的處境。把包裝好的豬腳放進外送箱裡，再確定送餐地址，是距離兩公里遠的住宅大樓社區。正動輸入「預定送達時間十分鐘」，餐點還保持在溫熱的狀態。

抵達後，目的地是一個稍微老舊的走道式住宅大樓社區。對外送員來說，這種一層多戶的走道式住宅大樓，比新建的階梯式一層兩戶住宅大樓方便多了，不需輸入密碼就能進入大樓內。而且最棒的是，大樓外牆上大大標示了棟號，輕易就能按址找到送餐地點。一〇五棟二〇三號，正動站在門前再次點開外送APP，確認外送要求事項。

「請放在門前按門鈴通知。」新冠疫情時代，為了避免不必要的接觸，備註欄裡像這樣的要求也多了起來。按了門鈴後，沒多久就聽到有人走近門邊的聲音，正動趕緊轉身離開，身後傳來開門聲和一句「謝謝」。在APP上按下「送餐完成」按鈕，正動賺到了今天第一筆外送收入「三千五百韓元」（約台幣八十三元）。

「屎單」和「金單」，「呵護餐點」的戰鬥

正勳把機車騎到住宅大樓社區附近的鬧區，必須到餐館林立的地區附近才會有更多外送單出現。十字路口的交通號誌亮起紅燈，想綠燈時更快一點起步，就得穿梭在等待車輛中停到最前面去。和正勳競爭的外送員們接二連三湧向停止線，即便是在等待綠燈亮起的時間裡，外送員們的眼光也時刻緊盯手機畫面。若不如此，就無法比別人早一秒搶得先機。傍晚六點，馬路上的外送員明顯增多，最激烈的晚餐外送戰爭就此展開。

登錄同一外送區域的數十名機車外送員，爭先恐後搶單的戰爭被稱為「戰鬥單」，這是代理外送業者以每單三千到五千韓元不等的誘餌，引誘機車外送員互相爭搶的系統。與提示音同時顯現的外送單，短短五秒鐘就消失不見，只要稍有延遲，機會就落入其他外送員手中。像這樣○．一秒就能決定勝負的時候，只能目不轉睛地盯著外送待命畫面。

「今天單子還不少喔！」

「是呀！得加把勁了。」

正勳小心翼翼地向身旁等著出發的機車外送員搭訕，盯著待命畫面看的外送員簡短回答。雖然都掛著同一家平台公司標誌在工作，但外送員彼此之間並不是同事關係，而是競爭對手，隨時都有可能比自己早一步搶走多了一千韓元的外送單。

紅燈轉為綠燈，外送員開始爭先恐後地向前疾馳，幸好正勳在等紅燈的時候搶到了一單，這次是知名壽司店的外送單。正勳抵達壽司店前面，等待外送餐點完成。部分餐館在烹調餐點時，會要求外送員到店外等待，理由是在店內等待的話，會影響在餐館裡用餐的客人。在外送壽司、義大利麵時要特別小心，外送過程中如果餐點受損，外送員就得負責賠償。

為了維護餐點完整，外送員不得不小心翼翼地騎車，結果造成外送時間拉長，配送費卻不會因此增加。正動按下「取餐完成」按鈕，確認目的地，發現是配送上有點麻煩的住商混合大樓社區**（譯註：這類社區大概只有五、六幢以下，幢距小，通常每幢下方都是面街的大型商場或購物中心，社區入口反而不顯眼。前文提過的住宅大樓園區，通常是占地面積遼闊，樓幢數量從幾十幢到上百幢，幢距也較遠，園區內運動、遊戲設施完善，有的甚至附設幼兒園）**。這種地方不僅入口難找，進出也會受到刁難。他沿著黑暗的道路抵達目的地，迎接他的是貼在社區入口的注意事項。「禁止宅配、外送、郵局機車出入。」

「請步行前往各樓幢。」

正動將機車停在大樓社區入口處，從外送保溫箱中拿出餐點。在這萬物皆可宅配的時代，反而有越來越多高級住宅大樓限制外送機車出入，理由就是為了減少機車噪音、保護住戶安全。從社區入口到二〇四棟大門約兩百公尺，分秒必爭的機車外送員大多只好提著餐點，小心地奔跑在造景精緻的樓幢之間。為了保持餐點外觀的完整，移動時還得小心呵護，但想到還有下一單要接，正動不自覺加快腳步。

如果是首爾的超大型高級住宅大樓園區，通常從入口到送餐地點就有一公里遠，有些高級住宅大樓還以「會溢出食物味道」為由，要求外送員只能利用貨梯上下樓，也不管餐點明明是大樓住戶下單「要求」配送的。從被當成貨物看待的外送員立場來看，此舉實在太不近人情。

甚至有些消費者只要送達時間稍微延遲就破口大罵，還把外送員當成「通緝犯」一樣，拍照上傳餐館評論區。

還有父母當著子女的面，指著外送員說：「不讀書就會變這樣。」有時只是晚到片刻，就有人像是等了很久一樣吸著菸，一口菸氣直噴外送員臉上。只不過是配送顧客下單的餐點而已，外送員卻在不知不覺間淪落為社會「最低階」的情緒勞動者**（譯註：Emotional Labor，指勞工除了一般勞務之外的工作付出，還被要求必須在顧客面前隱藏和壓抑真實情緒，表現出與內心相左的情緒，例如空服員、護理師、教師、餐飲服務員的「職業笑容」）**。

外送員將配送APP上出現的外送單分為兩種：「屎單」和「金單」。「屎單」就如同正動現在的送餐地點一樣，是要花較長時間配送的訂單。得靠雙腿奔走在樓幢之間配送的高級住宅大樓園區，或是保安「森嚴」到警衛室要求報上個資的高級別墅區，都是外送員最討厭的配送地點。再加上在這種高級住商混合大樓社區周邊也沒什麼餐館，想再接下一單就得移動到商業街去。相反地，「金單」雖然單件配送費和「屎單」相同，但配送時間相對短得多。不僅配送地點出入自由，周邊餐館林立，這單配送完成之前，就有可能搶到下一單，也就是所謂的「合併配送」。

外送員進行「秒殺接單」的原因，也是為了搶下這種錢好賺的「金單」。即使工時相同，外送員之間的收入也有著天差地別，有人一天賺二十萬韓元（約台幣四千七百六十二元），有人連基本時薪都賺不到。所以外送員每天的收入就看當天是「淘到金」，還是「踩到屎」來決定。正動猛按「外送列表」，每次更新都會不停有即時外送單閃現閃消，瞬間的選擇就足以讓外送員悲喜交加。

請注意安全，準時送達

配送完畢後，正動朝著社區入口方向走去，腳步顯得更加輕盈。這回運氣不錯，搶到了「金單」，取餐地點是餐館密集的弘大鬧區麵食店。取餐途中如果能搶到附近其他餐館的外送單，就能同時配送好幾單。只要是經驗豐富的外送員，一看取餐的餐館位置，就能自行在腦中勾勒出動線。在 Baemin Riders、Coupang Eats 等多家代理外送平台工作過的正動，也累積了自己的祕訣，在前往取餐地點途中，同時接下位在麵食店隔壁的燉雞店外送單。

「完整沒事、碎散完蛋。」這句話對外送員來說就是金玉良言。外送員通常會一趟同時配送兩到四單餐點，不，是非這麼做不可。如果一趟只配送一單，考慮到取餐就要花十分鐘，送餐又要花二十分鐘的話，一小時頂多配送兩單而已。如果以配送費平均每單三千韓元來計算，連二〇二一年的韓國基本時薪八千七百二十韓元（約台幣一百九十四元）都不到。對靠這工作養家餬口的外送員來說，合併配送不是一種選擇，而是必須這麼做才行。

「拜託你了！」「沒問題，馬上出發！」就在等待辣炒年糕和燉雞的同時，正勳又接了稍微遠一點的另一家餐館外送單，因為送餐地點就在餐館林立的地鐵站附近。外送員要考慮的不僅僅是取餐地點，也得仔細考量送餐位置。這一單送餐地點附近最好有美食街，才不會在路上浪費時間，馬上就能搶到下一單。例如即使目前所在位置到取餐地點的距離只有七百五十公尺，送餐地點也沒那麼遠，但是附近沒有餐館要外送的話，他就不會接單。

但是絕對忌諱貪心，看到有單就接的話，反倒容易陷入窘境。在不熟悉的地區一次合併配送三至四單，結果因為沒能準時送達，訂單遭到取消的情況比比皆是，所以大多數的外送員主要還是配送自己熟悉的地區。但偶爾還是會出現意想不到的情況，弄得自己進退兩難。

正勳抵達第一個送餐地點，也就是一處住宅大樓園區。他先前分別到三家餐館取餐後才過來，所以多少有點晚了，但還是準時將燉雞送達。問題就出在第二個送餐地點，那是一處沒有電梯的獨幢公寓三樓。正勳走樓梯來到顧客家門前，怎麼按電鈴都沒人回應。點開外送APP確認了一下備註欄，上面也沒註明放在門口就行。就在正勳心急如焚之時，下一個要送的餐點辣炒年糕慢慢變涼了。

結果是顧客輸錯了地址，把送餐地址寫成自己搬家前的舊地址，才會按門鈴沒人回應。好不容易聯絡上了，顧客說了一句：「放在那家門口就可以走了。」隨即掛斷電話。因為搬家造成誤送的情況經常發生，技術再怎麼發達，也無法防止這種事情發生。最後，正勳只好把餐點放在門口，然後打電話給餐館說明經過，餐館老闆也只簡短地回答一句「知道了」就作罷。接下來動作得快一點了，剛才光是站在門口就浪費了整整十分鐘。正勳馳向最後一個送餐地點——另一處住宅大樓園區，但心裡總有點不安，不知道能不能及時抵達。

才剛通過園區入口，就接到辣炒年糕店打來的電話，餐點遲遲沒送到，顧客取消了訂單。碰到這種情況，除了損失三千五百韓元配送費之外，正勳還得支付辣炒年糕的費用。最後，這份沒能送到消費者手上的辣炒年糕就成了正勳的晚餐，外送APP明細裡也同時多了一條取消紀錄。這件被取消的外送單備註欄裡寫著：「致外送員~請注意安全，準時送達。」雖然顧客說了請注意安全，但外送員還是必須遵守約定時間送達。

尤其是美食外送更加麻煩，大部分訂餐的人都因為飢餓而變得十分敏感，預定抵達時間為二十分鐘的話，就算遲到一分鐘，也會變得很神經質，一副惡狠狠的模樣，卻絲毫沒考慮到這遲到的一分鐘裡，是不是有什麼事情發生在外送員身上，是不是出了車禍。

在我採訪得如火如荼的某一天，我一如既往地利用美食外送APP訂購餐點。眼看著預定送達時間都過了好久，才接到外送業者客服中心的來電，說外送員送餐途中出了車禍，他們請餐館重做一份餐點，由另一位外送員送過來可好？

「車禍嚴重嗎？那位外送員有沒有受重傷？」

「我們也是從公司接獲的消息，不太清楚具體情況，我們附上了優惠券以表達歉意。」

「如果外送取消的話，公司會懲罰嗎？」

「系統上我們無法給您確切的答覆。」

通話結束前，我表達了希望這場車禍不會太嚴重，也請客服在掌握外送員情況之後能分享給我。不久後，另一位外送員就送來重做的餐點，而且這位外送員一直跟我道歉，說雖然不是自己的錯，但送餐來遲真的很抱歉。

「如果遇到滂沱大雨的日子，是否就乾脆不要接單了？」

「可是取消訂單的話，外送員又可能會受到業者的懲罰……」

最終我還是無從得知那位受傷外送員的消息，或許「注意安全」和「準時送達」是無法共存的兩句話。

難以捉摸的職場上司

「我沒有雇主，但有下指令的上司。」

像正勳一樣的 Rider 外送員不是代理外送業者所僱用的員工，他們的身分更接近個人經營者，並且是使用代理外送業者設計的系統論件計酬。但是不知不覺間，外送員卻只能聽從業者的指令。就像過去中華餐館的外送員聽從老闆的指令一樣，Rider 外送員也得聽從平台企業所建立的 AI 演算法指令。

AI 演算法的核心是星級制度，也就是星級評價。或許大家以為只有餐館才必須接受消費者的星級評分和餐後評論，其實外送員也得接受星級評價。正勳點開 Rider 外送員專用的 APP，他的外送星級評分是五星滿分，這是綜合顧客評分、接單量、外送完成率、送餐準時抵達率等評價之後才計算出來的。

但是，如果評分下降的話，也不會有人告知具體的原因。也就是說，外送員上頭出現了一個難以捉摸的演算法上司。對外送員來說，星級評分之所以重要，據說差別就在透過外送ＡＰＰ看到的外送單「數量和品質」會有不同。因此，外送員如果看到自己的星級評分掉下來，就會擔心「是不是上次送餐的時候，我的表情不夠開朗？」「是不是我的嗓音不好聽？」所以不只要加快送餐速度，還要努力讓自己變得更親切。

近年來，隨著外送業界的競爭越來越激烈，每家外送平台都在開發「革命性」的演算法，改革的核心就是提高外送員最討厭的「屎單」接單率。某家美食外送平台會在外送地圖上標示加價地區，例如現在首爾瑞草區外送員人數不足，這個地區就會出現「×一．五」的通知，也就是實施支付基本配送費一．五倍的促銷方案；相反地，如果江南區有太多外送員聚集，就會標示「×〇．九」。這表示外送員供過於求，所以降低配送費。平台業者雖然沒有發出個別的指令或強迫手段，但在江南區的外送員就會自動往瑞草區移動，以滿足外送需求。

另一家外送平台的演算法則是利用「拍賣制度」。外送待命畫面上如果出現沒人願意接的「屎單」，就會在後面掛上「+五〇〇」的福袋。意思就是，除了基本配送費，再多支付五百韓元。如果還是沒有外送員願意接單，就以「+一〇〇〇」「+一五〇〇」的方式往上加價。外送員把福袋稱為「魚餌」，如果說演算法上司是「釣魚者」，那麼外送員就是魚缸裡的魚。福袋加號後面的數字不斷增加，就看最後誰會去咬餌，然後演算法也會記住外送員所反應的福袋金額。下次如果再發生類似情況，就會以相同的方式標示。但是福袋裡的東西到底是福是毒，只有實際配送了才知道。沒有人知道選擇「+一五〇〇」之後的結果，對外送員一天的收入會產生什麼樣的影響，只有決定當天該時段配送單價的「演算法」知道。但是演算法的真面目無人知曉，所以就有更多外送員被迫加入價格競爭之中，而平台業者則藉此創造更多收益。

「一般公司如果宣布下個月減薪十萬韓元，員工一定會大鬧；但是平台如果宣布外送費每單減五百韓元，還表示：『理由嗎？因為外送員太多！』大家反而會覺得這是非常合理的決定。因為這是AI之類的演算法算出來近乎神一樣的決定，如果有誰對此提出異議，只會顯得自己像個無理取鬧的人而已。」如正勳所說，平台工作者所處的現實就是必須無條件服從AI大神的生態系統。AI演算法正朝著提高平台企業利潤的方向進化，但是這種外送產業的成長，卻和外送員的利益沒有直接關係。

正勳再次點開待命畫面，現在是傍晚外送單最多的高峰時間，外送單一冒頭就被秒殺，還留在畫面上沒有消失的，只有大家都不願接的「屎單」。然而即使沒有特別的促銷活動，外送員還是得接下屎單，因為一再拒接的話，會造成接單率星級評分下降。最後正勳不得已接了取餐地點在好幾公里外的一張屎單。「演算法上司」就像這樣驅使著外送員，創造出韓國各地二十四小時全年無休的外送天堂。

如果「年薪一億」的代價是生命……

「時薪平均一萬五千韓元（約台幣三百五十七元），Rider 外送員年薪可達一億（約台幣兩百三十八萬元）！」新冠疫情造就了外送不再是選擇，而是必要的時代。隨著二〇二〇年快速轉變為無接觸時代之後，外送產業比前一年大幅成長了將近一三〇%，韓國媒體也相繼報導外送員年薪上億韓元的消息。然而正勳斬釘截鐵地說：「這只是平台業者為了招攬外送員所做的宣傳，現實中是不可能的。」

正勳點開外送ＡＰＰ，出示幾天前的結算明細。當天從下午六點到晚上十點總共配送了十二單，總計收入四萬韓元（約台幣九百五十二元）。一天平均要跑八十公里，每小時平均賺的錢很難超過一萬韓元（約台幣兩百三十八元）。想賺到時薪一萬五千韓元的話，每小時必須配送四單左右，這得無視交通號誌、違規騎上人行道，否則根本不可能做到。

事實上，全職外送員的配送時間大多集中在午餐（早上十點～下午三點）和晚餐（下午五點～晚上十點）兩個時段，平均一天工作十小時。如果以每單外送費三千韓元來計算，一個月必須配送一千單，才有三百萬韓元的收入（約台幣七萬一千四百二十八元）。也就是說，假設一個月工作二十五天，必須平日平均配送三十至四十單、周末平均配送六十至七十單才有可能達到這個金額，這簡直就是連吃飯都顧不上的急行軍。

Rider 外送員的配送費中還隱藏著看不見的費用。從正勳的配送結算明細來看，最後結算金額下方還要扣除所得稅、住民稅、外送員保險費、職業災害保險（過去外送員不適用，但現在已納入保險對象中，保險費由平台企業和外送員各負擔一半）。

屬於個人經營者身分的 Rider 外送員，必須承擔配送時所需的一切費用。正勳是所謂的「靠行外送員」，向平台公司租用機車配送，所以每天還要向業者多繳納約一萬韓元的租車費。除此之外，每月平均汽油錢八萬韓元（約台幣一千九百零四元），每跑一千公里還要支付添加機油的費用。因此，成為「年薪上億外送員」的夢想離他越來越遠。

「代理外送業者不是說能賺到八百萬、九百萬韓元嗎？還宣傳『外送民族』旗下的 Rider 外送員錢賺得最多。這種行為真的很惡劣，太可惡了！想賺到這麼多錢，必須非常努力硬撐著工作才行。就連吃飯的時候，還要用搶單器（自動點擊螢幕的機器）搶單，很容易出事的！那都是一堆虛假不實的廣告。」

最近外送平台業者為了確保外送員數量而展開激烈的競爭，Coupang Eats 甚至將配送費提高到每單兩萬韓元（約台幣四百七十六元），但這樣的海市蜃樓很快就消失了。另外，由於酷暑、暴雨、暴雪等惡劣天候，點餐外送訂單暴增，雖然在配送費上加了點補貼，但在那樣的天氣中強行配送，簡直就是拿自己的性命開玩笑。正勳說，在柏油路滾燙到攝氏五十度高溫的大熱天裡外送完回家，往往全身汗流浹背，連牛仔褲都脫不下來。

所以「年薪上億外送員」是不眠不休、冒著惡劣天候、拚著小命配送的超人才做得到，現實中很難找到這種人。那得冒著在雨中疾行的危險、做出所有違反道路交通法規的行為後還能平安存活，並有著令人難以置信總能搶到「金單」的好運，更要經歷無數意想不到的情緒勞動，最後扣除「保險費和汽車折舊費」之後才能得到的海市蜃樓。

目前韓國國內從事美食外送行業的外送員總計約有二十萬人，他們為了追趕AI演算法強行要求的「外送完成時間」，被迫置身險境。事實上，最近三年間所發生的機車外送事故約有一千八百件（二〇一九年），青年職災死亡事件發生最多的，也是美食外送員。但在這些人當中，卻幾乎沒有一個機車外送員加入「有償運送保險」（綜合保險），事故發生時無法保障人身物品傷害。

結果在配送過程中所發生的一切危險，不是由平台企業負擔，而是全都必須由實質「個人經營者」身分的外送員來承擔，算是一種「百分百」

的外包化結構。

晚餐高峰時間快過去了，為了多配送一單也好，外送員正冒著危險在路上奔馳。

最近因為代理外送業者降低每單配送費，導致越來越多外送員不得不配送到深夜。正勳也一樣，戴好安全帽，準備出發。現實中，沒有多少人真正夢想成為「年薪上億外送員」，只希望能採用安全配送費（將基本配送費調高到四千韓元（約台幣九十五元）），在遵守交通規則安全配送的情況下，也能得到不亞於現在的收入。晚上八點，正勳亮起車燈的機車，彷彿螢火蟲一般開始奔馳在黑暗的道路上。

「Rider 外送員正在進行分秒必爭的戰爭。

每單三千、四千、五千韓元的外送單，

在外送APP上瞬間秒殺，

這就是一個無止境競爭的時代。

現在，我已經切實感受到那種秒殺競爭的可怕。」

感性時代的勞動情緒

對 Rider 外送員來說有三個「甲方（僱主）」，第一個是安排外送單，決定配送價格的「平台業者」，他們操縱一切，不斷釋出「屎單」和「金單」，想以更低廉的價格完成更多配送工作。第二個是「餐館」，部分餐館在料理餐點過程中，強行要求外送員必須在店外等待，理由主要是外送員在店內等待，會造成內用客人的不便。雖然可以理解，但也因此感受到來自社會的「歧視和疏離」眼光。最後一個當然就是「顧客」。

外送員在工作的同時，還要時刻接受這三個「甲方」的評價、歧視和侮辱。當然多少也有一些體貼、親切的顧客，但在秒殺競爭的配送工作中，事實上就算受了氣也沒有時間沉浸在委屈的情緒裡，因為這也算是一種「奢侈」。然而外送員所執行的業務都是顧客們的自主選擇，而非被迫提出的「服務要求」，所以為什麼外送員還要忍受那種冷漠的眼光呢？考慮到這點，我認為有必要正視這個問題。

過去曾經有餐廳標榜服務生為客人「跪著服務」的噱頭，部分客人也很自然地接受了，但社會卻不應該繼續視為「理所當然」，接受這種錯誤的認知。

談到企業的成功神話，最重要的就是管理階層的哲學。帶領著以「外送民族」平台企業為代表的「Woowa Brothers（우아한형제들）」法人代表金奉鎮（김봉진，音譯）的哲學就是「B級感性**（譯註：韓國大眾文化近來掀起「B級文化」風潮，這也可以說是一種「草根文化」，帶有暴力、粗俗、廉價、搞笑、揶揄的特徵，大叔歌手 PSY 的〈江南 Style〉這首歌就反映了這種文化。「B**

級感性」便是脫胎於此，表現出對典型化秩序的反感，也帶有對社會既得利益階層的反抗或諷刺的性格）」。他說：「外送民族的品牌人格（Persona）就是『老么』。無論是公司裡的小組老么，還是同事中同一大學出身又最年輕的後輩，這些二十至三十歲青年世代最喜歡的B級感性，就是我們公司品牌的特質。」事實上「外送民族」的市場行銷還被選為與消費者接觸、雙向溝通行銷策略中的優秀案例，也成了無數「感性行銷」的標竿對象。

企業比以往任何時候都更強調「感性」，還宣稱唯有感性行銷才能觸動消費者的情感，也才能和消費者的情感連結在一起。但我很想問問，雖說這是一個以「感性」做為話題來溝通的時代，但呼籲「感性」的眾多企業卻似乎忘了「情緒」這回事。

與連結消費者同樣重要的，難道不是連結為自家平台工作的員工和外送員嗎？在這個超連結社會裡，企業需要連結的不只是餐館和消費者，無數機車外送員實際執行企業創造的工作，他們所面對的現實和情況，也迫切需要企業以感性來「連結」。

「企業應該要好好審視以自己所創服務為職業的人，正處於何種情況、何種環境，才對得起『創新企業』這個頭銜，不是嗎？」

成也平台，敗也平台

▼

WAYO 寵物保姆

平台工作者：李孝眞

WAYO 為韓國一家寵物保姆仲介平台企業，提供寵物照護的各種服務，包括寵物寄宿、到府照護和散步等。

跨進平台的行業

韓國在二〇二一年飼養寵物的人口超過了一千五百萬人。也就是說，每四人當中就有一人飼養寵物，或有過養寵物的經驗。人們為什麼要飼養寵物呢？因為牠們不僅能帶來快樂，還能和人類產生互動，進一步幫助人類療癒身心。眾所周知，飼養寵物具有增強責任感、消除孤獨、提高生活滿意度等積極效果。因此，不僅寵物相關產業逐漸擴大，還出現了新的職業。由此可見，飼養寵物如今已在全世界形成了一種文化。

三十八歲的孝真是資深寵物族，有將近二十年的飼養經驗。她從小家裡就養狗，現在狗已經成了她人生中不可或缺的存在。養狗的過程中有數不盡的快樂幸福時光，但也有一件是她覺得最棘手的事情，那就是出差家裡沒人的時候，或計畫出國旅行的時候，沒有值得信賴的地方可以寄放愛犬。即使千方百計地打聽，能選擇的地方也很有限。

如果有獸醫駐院的動物醫院能提供短期照護服務的話，至少還可以安心，可惜這種情況並不多見。以前也曾經付錢寄放在熟人處，但這也要配合對方的時間，並不是那麼容易的事情。那麼，下一個可行的方案就是勉為其難地送去愛犬旅館。說好聽是旅館，其實是整天關在籠子裡，不僅小狗精神上遭受壓力，自己也會因此感到不安。很多時候甚至因此左右為難，乾脆放棄旅行。

出門旅遊或外出時，沒有值得信賴的地方能寄放被單獨留下的寵物，這不僅僅只是孝真的煩惱，說是全世界所有寵物族的共同煩惱也不為過。要找到能像對待家人一般悉心照料寵物的人，可比上天摘星還難。左思右想之後，孝真有了「何不自己來照料寵物」的想法。在這期間，她知道了「寵物保姆」這個職業。進一步了解後，她發現國外通常在節日或長途旅行之前，就算要稍微多支付一點費用，也會僱用寵物保姆。

「寵物保姆（petsitter）」這詞多少有點陌生，但只要想到「嬰兒保姆

（babysitter）」一詞，就很容易理解。「寵物保姆」就是「寵物（pet）」加上以照護為職的「保姆（sitter）」組合而成的新詞，主要工作就是在飼主希望的場所短暫地照顧寵物。

二〇一八年，寵物保姆首次出現在韓國，隨著飼養寵物的單人家庭日漸增加，最近的需求量也大增。寵物保姆的工作大多數是透過仲介平台媒合，為了盡到照料的責任，原則上必須檢驗身分和能力，並且接受專業教育，這也是寵物保姆之所以能像嬰兒保姆一般受到尊重的原因。

或許這是新興市場開啟的信號，各種寵物保姆仲介平台如雨後春筍般冒出來，近來甚至出現由獸醫、獸醫系學生、獸醫技師等專業人員組成的寵物保姆仲介平台。顧客非常需要這群擁有寵物專業知識的人。就寵物族希望自家寵物能得到專業管理與照護的立場來說，這無疑是非常吸引人的選擇。寵物保姆這個十年前還不存在的職業剛剛登陸韓國，成為一千五百萬寵物族的救星。

那麼，必須具備哪些條件才能成為寵物保姆呢？

照顧親如家人般的小生命

根據一項統計結果顯示，首爾市民中，每十人就有六人飼養過寵物或正在養寵物。也就是說，與寵物結緣的人非常多。事實上挑戰寵物保姆這項工作的人，當初都有各式各樣的契機，有些人也和孝真一樣，在「如果有寵物保姆該有多好」的想法下，決定自己下海成為寵物保姆；有些人則是在寵物保姆處寄放過寵物之後，開始對此產生興趣。

寵物保姆必須具備的第一個條件，就是要有飼養寵物的經驗。正在養寵物的人當然最合適，萬一現在沒有養寵物，那麼至少三年內要有養過寵物的經驗。要是沒有經驗該怎麼辦呢？那就「不推薦」了。就像有過育兒經驗的媽媽們才能當嬰兒保姆一樣，沒有飼養過寵物，就完全無法理解寵物為什麼不吃飯、為什麼嗚嗚叫個不停等狀況。這種情況對寵物、對飼主，以及對自己都非常痛苦，何必自討苦吃？

和具備寵物飼養經驗同樣重要的第二個條件，就是責任感。因為這項工作要照顧的不是物品，而是一條小生命，必須有強烈的責任感做為後盾，才能應對隨時隨地可能發生的事故。所以在寵物保姆仲介平台的宣傳中，出現最頻繁的內容就是二〇〇%保證旗下寵物保姆的「責任感」。

想成為寵物保姆，必須在寵物保姆仲介平台註冊，然而在這之前得先通過層層關卡。首先進行身分認證，像是養過幾次寵物、是否持有寵物相關證照、是否徵得家人同意、家中是否有人吸菸或有幼兒等等。通過這道關卡之後，平台就會開班教授線上、線下課程，因為他們的目標是要培養專業寵物保姆，對寵物兼具基本素養和資格。顧客想找的是值得信賴的專業寵物保姆，所以從長遠的角度來看，平台業者只有招收具有一定資格、通過認證的寵物保姆為會員，才能長期經營下去。平台會定期開辦這類基礎課程，如果會員出席率低，或顧客評論與評分不佳的話，平台也會加以限制會員的活動。只有書面審核、面試審核、環境審核、修習專業課程、安全審核等五關全部通過的人，才能從事寵物保姆的工作。

全數通關的寵物保姆中，最多的是子女都已嫁娶，時間運用上比較自由的四十至五十歲世代家庭主婦。因為她們在做家事之餘可以照料寵物，還可以順便賺錢。最近像孝真這樣，有自己的事業或身為自由工作者的二十至三十歲世代寵物保姆，也持續增加中。據說，目前利用寵物保姆仲介平台的顧客超過四萬人，體驗過這項服務的顧客中，每三人中有兩人會成為回頭客，滿意度非常高。之所以會有這麼高的滿意度，不僅在於寵物仲介平台的系統，也在於寵物保姆特有的使命感。對於當一名寵物保姆該有什麼心態，孝真提出了如下建議：

「如果是熱愛寵物的人，很容易認為寵物保姆可以透過照顧動物賺錢，是十分吸引人的工作。但照料一條生命並非想像中那麼簡單，時刻需要特別小心和用心。」

她強調，身為寵物保姆，千萬不能忘記這是在照料對某人來說如同家人一般珍貴的生命。因此不僅會耗費大量體力，也有很多需要注意的事情，精神上的壓力更是不容小覷。

儘管如此，對熱愛動物的人來說，寵物保姆依然是一件很有魅力的工作，因為在照顧寵物的同時，還能更進一步了解牠們。孝真也是在從事寵物保姆工作的過程中，對寵物有了更進一步的關心和理解，開始對與寵物相關的其他知識或職業產生興趣。也是出於這個原因，她才會建議有長期飼養寵物經驗或持有相關證照的人，不妨嘗試寵物保姆的工作。

與本職相關的斜槓

過去曾是平凡上班族的孝真，因為太喜歡小狗了，所以經常抽空去聽寵物相關講座。自從她上了動物芳療師（Aromatherapist）的課程後，開始動心，進而下定決心轉換跑道。動物芳療師利用寵物獨特的嗅覺，來維護寵物們的健康，透過調香法、按摩法等芳療法，不僅可以為寵物治療皮膚疾病，還能幫助牠們治療分離焦慮、攻擊性等心理問題。當初是基於興趣才開始的寵物芳療師工作，現在已經成了孝真的職業。

在成為寵物芳療師之後，孝真的時間比過去在公司上班時更自由，因為她提供的是一對一的客製化服務，所以沒有客人的時候就可以靈活運用時間。後來，她想利用這樣的空閒時間，做一些可以和寵物相處的其他工作，才知道有寵物保姆仲介平台的存在。在一家仲介平台申請成為寵物保姆之後，孝真通過了書面審核，也上完三十小時的專業培訓課程。透過線上、線下教學，學習了寵物散步法、發現問題行動時的對應法、環境整理法等等。而且平台按季定期邀請寵物美容師或訓練師舉行的座談會，她也都積極參加。所有課程全部上完之後，她拿到了結業證書，終於可以在平台正式註冊為寵物保姆，開始工作。

要是沒有平台，孝真就得自己去找顧客，一想到「是要在住宅大樓貼公告？」「還是要開設私人部落格宣傳？」她就頭大，真的不知道該從何著手。但是在寵物保姆仲介平台上，所有事情皆能一蹴而成。這裡擠滿了需要寵物保姆的顧客和從事寵物保姆工作的人，無數的工作機會正在媒合中。孝真一註冊為寵物保姆，馬上就被介紹給顧客。草創期的寵物保姆仲介平台上，供需呈現平衡狀態，只要想工作，隨時都可以工作，工作機會也從來沒斷過。

寵物照護的種類大概分為兩種，一種是顧客將寵物寄放在保姆家的「寵物寄宿」，一種是寵物保姆親自拜訪顧客家照顧的「到府寵物照顧」。

孝真養了一隻小狗名叫「查理」，自己也曾經照顧過朋友寄養的小狗，所以就從「寵物寄宿」開始做起。因為有過一面從事寵物芳療師的工作，一面照顧好幾隻小狗的經驗，所以她信心十足。

孝真在接受寵物寄宿之前，會抽空和顧客見面，這是為了瞭解顧客的小狗和自己的查理是否能和睦相處，彼此會不會發生衝突。雖然這種情況少之又少，但是萬一在事先見面的場合裡，小狗之間發生了衝突，孝真就會取消照顧工作。因為小狗們至少要共處一天以上的時間，如果彼此無法和睦相處，對雙方都會是種壓力。只要事先見面時，確定沒有其他造成衝突的因素存在，顧客就可以在指定日期帶著自家毛小孩到孝真家去。

寵物寄宿就和使用愛犬旅館服務差不多，為了讓寄放在寵物保姆家的毛小孩一整天都能玩得開心，顧客可以打包寵物零食、衣服、玩具等物品帶過來。飼主長期不在家的時候，選擇將毛小孩寄放在寵物保姆家的理由，是因為比起愛犬旅館或動物醫院那種沉悶的環境，他們更希望自家毛小孩能在舒適的環境裡生活。寵物照護以一對一為原則，一個人只照顧一隻狗，和愛犬旅館一個人同時照顧好幾隻狗的情況不同，所以具有可以照顧得更細緻的優點。費用方面也沒有太大的差別。寄放在愛犬旅館或動物醫院的話，每晚最少要付四萬韓元（台幣約九百五十二元）。如果委託寵物寄宿的話，費用也是每晚三萬到五萬韓元。

沒有養過寵物的人或許會問：「這是不是太貴了？」但對飼養寵物的人來說，都有「這不算貴」的共識。只要能像對待家人一般細心照顧自家珍愛的寵物，付出這種程度的費用也在所不惜。換句話說，也就是有那麼多飼主覺得，即使要支付這麼一筆費用，也想委託寵物寄宿。

照顧小狗，就和照顧幼兒一樣，都是勞心勞力的事情。就像幼兒對第一次見到的人和第一次去的地方感到陌生一樣，寵物也會有同樣的感覺，所以寵物保姆的細膩關懷和幫助就至關重要。

到府照顧的寵物保姆

與顧客將自家毛小孩寄放在保姆家的「寵物寄宿」不同，保姆直接到顧客家中照顧寵物的情況，稱為「到府寵物照顧」。如果在寵物保姆仲介平台被顧客選中的話，保姆就會與顧客以電話或簡訊聯絡，然後見面商談，議定日程後到府服務。

最近有越來越多的單人家庭飼養寵物，有許多長時間單獨在家的寵物，會出現問題行為或分離焦慮的症狀。這也是因外出、出差、加班，長時間將寵物單獨留在家中的飼主，為什麼會使用寵物保姆仲介平台。

到府照顧寵物的工作有的離家不遠，但是被分配到距離較遠的地方，因此需要開車前往的情形也很多。開車前去所消耗的油費，就像所有平台工作者一樣，都是由寵物保姆自行負擔。另外，或許顧客做好了某種程度的準備，但為了以防萬一，孝真自己準備的東西也不少，例如排便袋、寵物零食、收拾糞便時戴的手套、和小狗玩耍時用的玩具等等，全都是孝真自掏腰包準備的。

到府照顧寵物時，飼主通常會事先將住家大門的密碼告知寵物保姆，這是出於對寵物保姆仲介平台的品牌和旗下寵物保姆的信任，才有可能做到這一點。一般來說，到府照顧寵物的保姆會提供餵食、排便、散步、睡眠等基本服務，從抵達顧客家門的那一刻開始，就會履行顧客的要求事項，像是陪狗玩、遛狗、餵食飼料等等。

委託照顧寵物的飼主會提出較多五花八門的要求，也是出於寵物會因為飼主不在而難受。像是要用特定玩具陪玩、延長遛狗時間，或在指定時間餵食特定零食等等。幸好顧客也是養過寵物的人，所以很少會提出無理的要求。而且，站在寵物保姆的立場來看，即使覺得有點過分，還是會全盤接受顧客的要求。因為就飼養寵物的立場而言，多少可以理解顧客的心理，而且隨之在後的還有無從避免的星級評分和評論。

孝真在執行要求事項時，會將過程拍照或錄影下來傳給顧客觀看。如此一來飼主就能確認寵物的狀態，產生一種與寵物同在的安心感，也能知道寵物保姆是否忠實履行了自己的工作。

在從事寵物保姆工作的過程中，孝真也遇見了各式各樣的寵物。就像世上有形形色色的人，狗除了長相之外，性格和喜好也各不相同。她雖然敢很有自信地說：「養狗養了二十年，絕對比別人更瞭解寵物。」但隨著她遇見這麼多各不相同的狗，對牠們也有了更深的理解。例如到府照顧寵物時，孝真不會突然靠近小狗。過去，她看到牠們很可愛，總以為積極表現關心和喜愛是疼愛小狗的行為，但是成為寵物保姆之後，她才懂得必須先讓小狗聞聞自己的味道，耐心等待牠們敞開心扉接受陌生人，才是正確的做法。這樣的經驗對孝真的寵物芳療師工作也有很大的幫助。

成為優良寵物保姆的條件

寵物保姆在平台上註冊之後，顧客就會比較各項條件，從中選出符合自己需求的寵物保姆。參考的條件有，是否養過寵物？養了多久？是否上過寵物保姆課程？以及是否持有相關證照等。這時會影響顧客選擇意願的，就是反映工作年資、接案件數、顧客的星級評分。託付毛孩就和託付小孩一樣重要，理所當然會嚴格挑選，因此想要選到一位能力出眾又值得信賴的寵物保姆，星級評分就成了重要指標。

然而寵物保姆和其他平台工作者有一個不同點：評價他們的星級評分不會那麼苛刻，也幾乎沒有負評攻擊之類的事情發生。因為對大多數的顧客來說，寵物保姆無疑是救世主一樣的存在。飼主本身就是養寵物的人，也無比瞭解自家毛小孩的性格和特徵，所以非常能體諒寵物保姆的難處，只要沒發生嚴重事故或失誤，通常都會抱持深切的感激。

在仲介平台註冊的寵物保姆也分等級，決定等級的重要因素就是「評論」。想成為「優良」寵物保姆，就必須有六篇以上的評論。顧客反應良好的寵物保姆可以升級，而根據等級的高低，服務費也有不同的標準。一旦升級為優良寵物保姆，就會出現在平台置頂處，也就有更多機會被顧客選中。在這種情況下，會慢慢出現一些定期光顧的客戶。有一些深受顧客喜愛的寵物保姆，平時在一、兩個月前結束預約，遇上年節更是在六個月前就不接受預約了。寵物保姆拿到的報酬是，顧客支付的費用扣除平台業者約二〇%手續費之後的金額。像上述那種受歡迎的寵物保姆，如果每天都工作滿檔的話，有時一個月收入能超過一百萬韓元（約台幣兩萬三千八百元）。就輕鬆的兼職工作來說，算是不少的收益。

孝真在擔任寵物保姆時，也十分珍惜從顧客那裡收到的小紙條。有時雖然感到疲累辛苦，但有人能理解自己的努力，就讓她有了繼續堅持下去的原動力。另外，在照顧被某人視為家人一樣珍貴的存在時，她也從中感受到無比沉重的責任。因此，孝真工作時，總是像在照顧自己的寵物一般盡心盡力。

一有空，孝真就會把自己記錄的毛孩照顧日誌回報給顧客，就像幼兒園教師寫下孩子生活日誌回報給父母一樣。今天小狗的狀態如何、睡了多久、散步多長時間、吃了什麼、玩了什麼等等，仔細記錄下所有情況，顧客看到這份照顧日誌必然會大為感動。或許就是因為這份真誠，只要委託過孝真一次的顧客，都會再回來找她，因為他們對她有了可以安心託付自己寵物的信賴。

附贈遛狗

最近尋找寵物保姆的顧客中，也有只要求遛狗服務的情況。主要是雙薪夫婦或單人家庭因為下班太晚、外出、旅行等各種原因，無法帶狗出去散步時，就會利用這項服務。也有專門提供遛狗服務的人，他們被稱為「遛狗客（Dog Walker）」。

有很多寵物只在戶外排便。也就是說，即使在家裡有便意，也會強忍著不排泄。所以一天至少要帶狗出去散步兩至三次，因為牠們只有出去散步時，才會將忍住的便意釋放出來。但是讓雙薪夫婦或單人家庭一天遛狗兩至三次，實際上是不可能的事情，所以飼主們就需要遛狗客專門帶狗出去散步。

遛狗客的主要工作就是散步，所以和寵物保姆相比，工作時間通常只有短短的一到兩個小時左右。在這兩個小時的時間裡，遛狗客要提供寵物餵食、陪玩、排便、整理環境、散步等服務，報酬在一小時兩至三萬韓元以內。所以專業遛狗客平均每月可以賺兩百萬韓元左右，多的時候甚至有三至四百萬韓元。但是收入並不穩定，因為遛狗工作受季節的影響很大。

例如天氣炎熱，梅雨季節來臨的夏季，就是淡季。即使如此，大多數的顧客對於遛狗服務大多抱持著「如果服務令人滿意，就長期使用」的想法，而不是使用過一次就作罷，所以他們會找能在一星期中固定哪幾天、幾點的時候，規律地帶自己寵物去散步的人。

孝真也有了這樣的常客。她時常會在工作之餘去做遛狗客，有了一定數量的常客之後，就固定一天只接兩件左右的遛狗工作。問題在於，這樣的工作不是一周或一個月裡每天都有，但是如果每天都能固定一天做兩至三個小時的話，一個月也能多出一百萬韓元以上的收入。考慮到遛狗不需要工作一整天，也沒有太大的工作壓力，可算是一件高收入的兼職工作。

實際上，英國廣播公司（ＢＢＣ）曾經報導過，全職遛狗客一年約可賺進九萬六千美元，約等於韓幣一億元（約台幣兩百三十八萬元）。雖然遛狗客在韓國才方興未艾，但在美國和英國等先進國家裡，這早已經是高收入的職業。

孝真在擔任遛狗客的時候，會穿上印有寵物保姆仲介平台業者名稱和標誌的制服和帽子，這是平台業者為了宣傳遛狗客服務、培養寵物保姆的責任感，因此鼓勵他們如此穿著。遛狗的時候很有可能會出現各種突發情況，因此遛狗客必須掌控好寵物，避免和人車碰撞，或和其他小狗發生衝突。因此孝真在遛狗之前，會先仔細確認牽繩是否繫好、會不會斷裂、有沒有缺陷等等，因為遛狗時最重要的第一是安全，第二也是安全，第三還是安全。

隨著市場的擴大，仲介費負擔也更重

隨著飼養寵物的家庭日益增多，想委託寵物保姆的人自然也跟著變多。許多人都是透過朋友的介紹，把狗委託給孝真照顧。這樣的優點雖然很多，但已經從事寵物保姆工作快三年的孝真，最近卻有了新的煩惱，原因就在於仲介費。

目前大部分的寵物保姆都是透過寵物保姆仲介平台開始接案工作的，因為利用仲介平台可以減輕個人宣傳或尋找顧客的負擔，所以工作初期並不會覺得二〇％的仲介費很多。然而一旦累積了一定程度的資歷之後，仲介費就成了一大負擔。尤其是寵物保姆的工作比看起來更困難，所以自然會出現這樣的煩惱。

顧客支付的遛狗服務費一小時為兩萬五千三百韓元（約台幣六百零二元），但扣掉仲介費和稅金之後，實際落到孝真手裡的金額只有一萬八千四百韓元（約台幣四百三十八元）。對於還有其他正職工作的孝真來說，遛狗客的工作機會一天頂多兩件，兩個小時遛狗工作賺到的錢是三萬六千八百韓元（約台幣八百七十六元）。以「時薪」來看的話，算是很高，但對孝真來說，卻是當寵物保姆賺到的「日薪」。如果每天都能賺到這麼多的話，那當然很好，但如果有其他主業，工作之餘才來兼差的話，就另當別論了。因為平台是按照顧客評論和星級評分來進行媒合的，如果只是暇時兼差，顧客評論不多，相對影響到評分，競爭力就會下降。若想賺到更多錢，就必須投入更多時間在平台工作上，這對另有主業的孝真來說，現實上是不可能做到。

而且孝真主要接的業務是到府寵物照顧和代客遛狗，如此一來，即時媒合通常比預約的情況多。系統上只要顧客在寵物保姆仲介平台上提出寵物照顧的要求，馬上會有寵物保姆接案。一邊從事其他工作，一邊兼職擔任寵物保姆的孝真很難一接到案子就過去，導致和顧客媒合的情況就少了很多，評論則數和評分也難免落後。

再加上附帶用品的支出比想像中來得多，這也是一大問題。排便袋和零食大多都是由寵物保姆自行準備，除了平台業者提供的寵物照顧用品之外，遛狗清理糞便時使用的手套、寵物餐具的洗滌菜瓜布、陪玩時的玩具等等，需要自掏腰包的附帶用品還有很多。

所以孝真想告訴打算全職或專職從事寵物保姆工作的人，要好好考慮收入的部分。除了理所當然應該熟知的相關常識和安全事項之外，還有很多要學習的事情，因為開始工作之後，總有一天會開始覺得仲介費是個沉重的負擔。

激烈的單價競爭

▼

Soomgo 自由插畫家
平台工作者：李珠英

Soomgo（숨고）在韓文是「隱藏高手（숨은 고수）」的縮寫，為 Brave Mobile 公司自 2015 年建立的專家媒合服務平台，主要是為各個領域的小工商業者及自由工作者，與需要他們服務的消費者之間提供媒合服務。

我的創作爲什麼都成了公司的作品？

珠英在大學主修舞台藝術，畢業後長期從事空間設計師的工作。事實上，舞台設計相關科系的人，很少能在畢業後馬上找到工作，大部分不是繼續攻讀研究所，就是選擇出國留學。珠英自從成了正職上班族，周圍許多人都非常羡慕。或許也因為如此，在她以為未來的人生是條康莊大道時，卻有了比就業更難承受的煩惱。

最初以設計師身分踏入社會的珠英，在企畫過程中擔任繪圖設計師，參與公司許許多多的項目。入職五年以來，參與過的項目多到難以計數，但著作權卻從來沒有一次是屬於她的。雖然珠英對此感到忿忿不平，但這在設計師業界似乎已成慣例。就算是她整夜冥思苦想才交出來的原創設計，這份成果卻不屬於珠英，而是屬於公司所有。一開始她只是覺得「那也沒什麼大不了的！」但後來她開始有了身為設計師的野心，不禁自問：

「那真的無所謂嗎？」

一般來說，插畫家會簽訂「賣斷」，即轉讓著作權的合約書，以少少的代價轉讓自己所有的權利，這也是為什麼書籍版權頁中，插畫家名字很少會被標示出來。所以插畫家之間有這麼一句名言：「自由插畫家沒時間，也沒錢提告侵權訴訟。」

然而這句話並非只適用於自由插畫家。身為公司的一名員工，以公司名義製作的原創設計，著作權也同樣全部歸「公司」所有。珠英的煩惱是，對於她的創作過程和創作成果，公司大多以一句「做得很好」就算結束。要是能體現在考核上，甚至可以升職就好了，但實際上只不過是累積了執行大型項目的經驗和自我滿足罷了。

問題是，當這樣的過程一再重複時，比起成就感，反而讓英珠累積了更多挫折，無法擺脫「我為公司這麼認真工作，但我得到了什麼？」的想法。

珠英的目標是成為擁有獨特風格的名設計師，但突然之間，她卻有了這樣的煩惱：「如果離開現在這家公司，我是否還可以將過去的創作成果當成個人作品集來使用？」大多數情況下是不行的，因此珠英下定決心要早日成為一名自由工作者。她認為，從長遠的角度來看，做為擁有個人競爭力的自由工作者，比為公司工作更好。要離開穩定的職場並不容易，不過她的煩惱也沒有持續太久。

正職工作，眞的安穩嗎？

後來發生了一件決定性的事情，讓有五年職場資歷的珠英決定離開公司。

公司裡有位出了名的能幹女性前輩，是珠英心中的楷模。有一天，前輩要結婚的消息傳遍公司，這當然是件值得祝福的事情，但公司高層卻不那麼高興，悄悄地把前輩叫去，試圖勸退她。

消息瞬間傳了開來，也傳進了珠英耳中。對於職場生活，珠英自認如今該知道的都已經明白，該經歷的也已經都體驗過了，但這件事情仍然給了她很大的衝擊。

在設計公司裡，就算工作做得再好，美感再怎麼出眾，身為女人一旦結婚或生子，就很難繼續留在公司。這時她才後知後覺地發現，周圍沒有一位課長級的女性前輩。

繼自己尊敬的前輩在結婚前遭到勸退之後，同樣的事情不斷地重複發生，即將結婚或生子的女性員工自行離職，還說這是唯一的選擇。即便有人生完孩子後又硬撐著回到公司來上班，最後也堅持不了多久，申請離職了。

就算在名為「正職員工」的保護範圍內，女性要工作也不是一件容易的事情，其中儼然存在著性別歧視，公司將女人的結婚和生子視為絆腳石。「我這麼認真工作，還是很難得到公司的認同，女性可以受惠的部分真的太少了！」這是珠英踏入社會五年，輾轉在幾家公司擔任設計師所普遍感受到的一點。

在他人眼中，或許公司及正職崗位代表了穩定的保障，但對於夢想著一天天成長、心懷職涯規畫的人來說，這些更像是一道枷鎖。

在設計公司上班的員工無不夢想成為自由工作者，因為即使憑藉個人的能力，也絕對可以處理大型項目。只要有實力和能力，自由工作者的生活能帶來更多的財富和機會。

於是珠英在她二十多歲時就做出決定，儘管父母和周圍朋友都阻止她：「好不容易才進了這家公司，現在卻想離職，妳腦子進水了嗎？」她還是決定出來獨立，成為「自由工作者」兼「平台工作者」。

獨立也不怕，因爲有平台

珠英離開公司之後，就決定將目標轉移到她一直在留意的插畫工作上。在公司上班的話，只要完成指定工作就可以，但身為一名自由工作者，她覺得最重要的就是發揮所長，幸好過去的職場生活給了她很大的幫助。在公司裡要企畫各種不同的設計工作，畫圖時，她發現自己對插畫相當感興趣，也有這方面的才華，所以她才能很快就決定朝著插畫工作的方向發展。

插畫家，一言以蔽之就是為童話、小說、新聞、雜誌，設計封面或內文插圖的畫家。珠英主要的繪圖工作，是設計布料的印花樣式和產品包裝紙，她畫出來的樣式會被製成衣服，她設計的圖案有時也會製成文創商品出售。由於她在各種不同的主題上堅持不懈地繪畫，所以也舉辦過作品展。不知不覺間，她從事插畫工作已有八年。珠英之所以能以插畫家身分活躍了這麼久，全是因為有平台的存在。

事實上，自由工作者這個職業由來已久，但直到最近隨著通訊和網路技術的發達，使用電郵和雲端的業務交流及作品共享變得更順暢之後，平台市場也得以快速成長。因為有更多機會可以透過網路發表自己的創作成果，所以珠英也算是趕上了好時機。

想成為一名成功的自由工作者，最重要的就是要有可以發表作品的平台和與眾不同的內容（Contents）。從這個意義上來說，社群網站就是珠英最好的宣傳場所。她的社群網站上掛滿了她到目前為止創作的作品照片，那些獨特的樣式和引人注目的設計，讓人一眼就可以看出她的獨到之處。透過社群網站，她可以將自己的原創設計展現在不特定多數人面前，取得源源不斷的收入。最近不僅是中小企業，她還和首屈一指的大企業合作，在各個領域充分發揮自己的長才。

過去插畫家找工作的方式多半是透過人脈關係，大部分都是在某某人的介紹下接受委託，後來則普遍透過專門聯繫自由設計師的線上網站來接案。最近在平台上的交易也非常熱絡。如果想利用平台的話，就得支付一定的手續費，但大多數的插畫家還是會在一、兩個以上的平台註冊，因為這樣才有機會接到各種不同的委託案。

如果是媒介顧客與插畫家的平台服務，當顧客提交了申請書，自由插畫家就會發送報價單，接著顧客再參考資歷和作品集選擇插畫家，雙方進行媒合。插畫家在平台上銷售標誌（LOGO）、使用者介面設計（User Interface, UI）、網頁設計、產品說明、插畫等複合設計類別的服務，以此獲取報酬，再透過口碑來招攬常客。二〇一七年，插畫家活躍的平台市場規模逐漸擴大，僅一家平台企業，就出現二十位收入超過一億韓元（約台幣兩百三十八萬元）的賣家。現在，插畫家已經成為代表性的平台工作者，以數位平台為舞台提供勞力，進行創作活動。

對於像珠英一樣獨立作業的自由工作者來說，平台是最好不過的舞台。即使沒有經歷或人脈，也可以藉由個性化的獨特設計和風格來吸引顧客。平台的另一個優點，就是會湧入各種不同領域的工作。過去在職場上班的時候，珠英的工作領域是固定的，所以一點都不在意自己工作範圍以外的其他領域。但是自從成了自由工作者，她開始關心過去認為事不關己的各種社會議題。

設計工作對流行很敏感，所以反映時代的趨勢、想法和感受就非常重要。商品設計也一樣，社會上所提出的環境、動物、氣候危機等問題，就必須體現在設計上。珠英也藉由設計，開始思考之前她覺得不合理的女性問題、性別角色問題、環境汙染和垃圾問題、氣候危機問題。成了自由工作者之後，她才有機會認真思考自己想成為什麼樣的插畫家——一個發出正義之聲的插畫家，而現在她正一步步朝著這個她認為正確的道路上前進。

你的畫賣多少錢，連你媽都別說

從基本的食衣住開始，包括開車、宅配、搬家、打掃等日常生活中的勞動，大部分都可以在平台上交易，現在已經很難找到不透過平台交易的勞動了。平台勞動市場的最大特徵就是入門的門檻很低，除了錄用手續簡便，就連必須有相關比賽得獎經歷之類的篩選標準也沒有，所以即便沒有亮眼的經歷或技術，任何人都可以輕易挑戰，是非常適合斜槓族的兼差工作。

另一個特徵就是，不管求人或求事，過程都是公開透明的。但也因此產生了副作用，那就是被迫暴露在單價競爭中。這樣的結構可以讓顧客以更低廉的價格，找到能交出更好作品的業者；但對工作者來說，卻不得不自行降低報酬。因為競爭對手的價格一覽無遺，想得到這份工作，就只能綜觀全局，自行降價。

平台工作者當中，不僅有像珠英這種全職工作者，也有不少兼職工作者。這些業餘插畫家主要是透過線上課程進入平台工作的，起因就在於廣告上宣傳：「只要下班回家花點時間工作，就能賺到這麼多外快。」所以當他們被問到：「有個可以憑藉自己才能賺取外快的好機會，要不要嘗試看看？」他們就抱著「姑且試試」的輕鬆心態，投入平台工作。這些人在平台上工作不是為了賺錢，而是想嘗試與眾不同的體驗。問題就在於，這種人僅僅為了幾次特殊經驗就隨便降低單價，直接影響到現有的插畫家。在平台上，工作會流向價低處，低單價就成了顧客滿意的標準，而顧客的滿意度會直接反映在星級評分上。

插畫家雖然是自由工作者，但同時也是藝術家，為了滿足顧客的要求，珠英忙到二十四小時不夠用的地步。除了要完成承攬的工作，還要進行整體規劃、練習新技法、學習其他插畫風格，以及抽空進行宣傳活動來爭取其他工作。為了提高自己的價值，她不得不投資更多時間和金錢，如此一來，她的工作時間便會無限延長。為了顧客，她放棄了周末休息時間，自己壓榨自己。雖然經常有截稿壓力，但沒有急著截稿的時候，她也會為了畫出更好的作品剝削自己的勞力。這麼努力工作，單價卻莫名其妙地變得越來越低。這樣的工作能持續到何時呢 ？一工作就痠痛的手腕、熬夜造成的疲憊體力，到底還能撐多久呢？

不僅如此，該收取的作品價格也沒有一個基本標準。對自由工作者來說，最困難的決定就是將時間和專業性轉換為金錢來請款，價格太高，顧客從此不再上門；價格訂得太低，也等於是拉低自己做為自由工作者所具有的實力和價值。所以只能在心裡想著：「不知道其他插畫家的行情如何？我收這樣的費用會不會被人家罵？」不得不小心翼翼地察言觀色，在意他人的觀感。

插畫家一般透過「競標（Bidding）」來獲取工作，簡單地說，就是在工作招標時，公開幾位插畫家的標價，讓他們彼此競爭。珠英也參加過幾次競標，每次被問到的問題都一樣，對方會先偷偷透露：「某位插畫家說多少錢做得出來。」然後再問，「妳多少錢能做？」最後如果有五人參與競標的話，提出最低價格的人就能得標。這樣算公平競爭嗎？難道自由工作者就注定必須接受這樣的價格競爭嗎？

並不是說價格競爭就一定不好，只是有些人身為新人，哪怕是在自己的作品集介紹中多增加一行字，他們也願意，因此必然會以低價來爭取工作機會。然而就連這樣的「自相殘殺」，責任也全都得由平台工作者來承擔，這本身就是一大問題。

英國插畫家市場中有句話說：「你的畫賣多少錢，連你媽都別說。」但是韓國插畫家們到今天都還被拿來相互比較，被迫陷入價格競爭中。這樣的廝殺在平台上尤其激烈，到最後插畫家們除了自行降價之外，別無其他生存之法。

我們是「勞工」

珠英成了插畫家之後所經歷的最大變化，就是工作環境的改變。過去每天早上揉著惺忪睡眼急忙趕著上班，那樣的生活已成了回憶，現在她主要是在家中或咖啡館裡工作。

新冠疫情讓大家對居家工作的認識有了很大的改變，然而珠英自從辭職在家工作之後，就必須承受家人怒視的眼光，因為大家都不認為窩在家裡的她是在「工作」。對插畫家來說，調查資料很重要，所以要閱讀各式各樣的書、查找各種影片，而且還要將自己的插畫作品拍照上傳社群網站廣為宣傳，所以大部分時間都是坐在電腦前面。這副模樣落在大人眼裡，看起來就像不好好工作，一直在玩似的。事實上，珠英從父母口中聽到的嘮叨，最多的就是：「妳每天在家就知道看電腦嗎？」未來，自由工作者想被人認同是「勞工」，可能還需要一段很長的時間吧。

珠英大學畢業前，正值大學進行科系合併，舞台設計系也不例外。這時期，舞台設計系畢業生大部分沒有就業，而是選擇留學或進入研究所深造，因此如果執意要計算的話，就業率為〇％的科系，大部分都是舞台設計系。然而這就是問題所在，正因為就業率為〇％，使得這個科系走上存廢的歧路。看著自己的科系面臨消失危機的那種失落感和挫折感，是無法用言語來表達的，這也在珠英心中留下莫大的傷痛。

文化藝術方面的工作和其他方面的工作不同，很難換算成具體數值，因為在工作中所投入的時間和努力，是難以用金錢來衡量的無形價值。所以在韓國社會裡，創作者常被視為「無業遊民」，被包括在失業人口之中，有時還會被歸納成打工族。這不得不說是件讓人「哭笑不得」的事情，但現實就是如此。不過珠英還是認為，創作對社會來說是不可或缺的，這也是她之所以選擇「插畫家」這個職業的原因。

「在提高整個社會的免疫力方面，創作者發揮了很大的作用。雖然具體來說，看不出社會體溫**（譯註：一般來說，免疫力較高的人體溫也較高，所以「社會體溫」是呼應前面的「社會免疫力」）**的提高，但我們在做的是讓大家一起變得健康、減少社會負面形象、療癒眾人身心的工作。這點應該獲得韓國社會的認同，也有必要和勞動型態合併考量。」

隨著近來越來越多插畫家都轉移到平台之後，各種問題也浮上檯面。最大的問題就是二十年來一成不變的單價，以及不被認可為「勞工」這件事。對此，包括珠英在內的插畫家們都共同採取了應對措施，合議決定：「我們的最低報價應為這樣。」接著，大家齊心協力，各自輸入實際單價資訊做為制定合理單價標準的參考，並在整合後於網站上公布插畫單價表。但是這項行動卻遭到阻止。二〇一九年，公平交易委員會更將此視為壟斷行為，下達改正命令。這就是將插畫家視為「經營者」而非「勞工」所得到的結論。

換句話說，平台工作者為了組織工會所進行的初期組織活動，就有可能遭受公平交易委員會的限制。平台工作者如果不被認定為工會法上的勞工身分，那麼他們要求改善勞動條件或進行廣告宣傳都屬於違法行為。

插畫家想在平台上活動，就無法擺脫價格競爭。雖說可以自主決定價格，但這麼做就很難在平台上生存。因為他們無法完全主導自己的勞動，必須在所謂平台用戶的掌控下維生。這麼看來，他們的處境與其他勞工也沒什麼不同。

但願平台能早日成為一個更加公平的世界，讓身在其中的人都能幸福地工作，也能做為「勞工」，提供正當的勞動。

爲了夢想，再苦再累也要咬牙苦撐

▼

Kakao 代駕司機

平台工作者：金東奎

「Kakao 代駕」的正確名稱應該是「Kakao T 代駕」，為 Kakao Mobil T 於 2016 年建立的平台，主要提供汽車代駕司機呼叫服務。

我是二十八歲的代駕司機

二十八歲大學剛畢業的東奎，是才上工八個月的新手代駕司機。在代駕這行，稱東奎這種人「代駕菜鳥」，是「代駕司機」加上「菜鳥」組成的複合詞，指的就是剛開始從事代駕工作的新手司機。

到二〇一六年為止，代駕司機中以五十歲世代的人最多，占了四〇%。但現在就不一樣了，從新註冊司機的年齡層來看，五十歲世代逐漸減少，二十到三十歲世代的司機則相反地在穩步增加。為什麼會發生這種變化呢？原因很多，其中最大的原因就是入行簡單。隨著代駕市場進入平台之後，就開始有了這樣的變化。

想成為代駕司機，無論年齡大小、過去從事什麼行業、資歷或學歷如何全都無關緊要，只要有一張駕照，人人都可以放手一搏，就當作累積經驗也無妨。從最近投入代駕工作的二十到三十歲世代來看，陣容大多是收入不穩定的大學生和需要副業的社會新鮮人。對他們來說，代駕司機不是全職，更多的是透過短時間勞動賺取收入的「第N個斜槓」而已。

從大學時期，東奎就被說是個生活能力很強的人。上了大學之後，他在沒有父母幫助的情況下打工賺錢，自己養活自己。因為對廣電方面有興趣，也曾經出演電視劇配角或擔任攝影助理。退伍後回來讀完大學，一畢業就開了一家以小學生為對象的補習班。這是因為他在二十歲出頭，就已經決定好自己未來的方向，所以才能做到現在這個地步。然而對他這樣一個社會新鮮人來說，每一件事情都很困難，其中最難的就是在經營補習班的同時，每月必須負擔的營業支出。一個月怎麼這麼快又過完了，好不容易喘了一口氣，房租、車輛維修費、教師薪水、教材費接踵而來，又是一筆筆不小的支出。

很多時候，他也有向父母求助的衝動，但既然這事業當初是靠自己的力量開始的，所以他還是強烈希望能由自己來成就一切。這時，他剛好看到平台招募代駕司機的廣告。代駕主要是在夜間工作，對東奎來說是最恰當的。於是他抱著白天在補習班工作，晚上犧牲一點睡眠時間去賺錢的想法，在平台註冊成為代駕司機。沒想到大學時考到的駕照，現在竟然成了賺錢的工具，東奎覺得自己運氣很好。平台代駕司機的入門門檻很低，一旦下定決心，只要有手機和駕照，誰都可以嘗試看看。

夕陽西下，東奎來到大街上，他的腳步朝著人潮最洶湧的地方而去。在江南、弘大、梨泰院熙攘的人潮裡，東奎目不轉睛地盯著手機看。尤其在代駕需求激增的高峰時間裡，想比別人快一步搶下好單，就得加倍集中精神。他汗流浹背地跑來跑去，此地將決定他今晚的命運，決定他將前往何處、能賺多少、代駕哪個人的車？

在某種意義上，我們都經歷過「新手」階段，每個人都必須在只有一次的人生大道上，貼著「新手」的標籤邁開第一步。東奎的「新手」代駕司機工作也一樣，現在才剛剛開始。

櫻桃戰爭，一秒決定命運

白天是補習班負責人、晚上是代駕「斜槓司機」的東奎屬於「啪嗒族」，只能徒步移動執行代駕工作。今晚，就跟隨東奎的腳步一探究竟吧！所有人都下班的傍晚時分，他才匆匆忙忙地上班。他的工作就從連上平台的那一瞬間開始，按下「出勤」按鈕之後，畫面上的地圖裡就會出現紅點，代表「已出勤」代駕司機所在的位置，這些紅點被戲稱為「櫻桃」。看著布滿整個畫面的紅色櫻桃，東奎才真實感受到今天又要開始新的一輪戰爭。無數的競爭對手已經在崗位上等待呼叫（Call），東奎為自己打氣：「今天也一樣要加油！」嚴格來說，大家都是競爭對手，所以二十八歲的東奎不敢對代駕工作掉以輕心，從出勤到接單為止，一直處在待命狀態。雖然如此，他也不是盲目地等待。首先眼睛要盯緊手機，因為不知道呼叫會在何時、從哪個角落冒出來。

根據韓國國土交通部公布的資料顯示，二〇二〇年的韓國國內代駕市場規模，達到約兩兆七千六百七十二億韓元（約台幣六百五十九億元）。除了現有的電話呼叫仲介之外，隨著越來越多的平台業者加入代駕市場，代駕司機們的競爭也日趨激烈。因此東奎也不僅在一個平台註冊，而是同時註冊了各不相同的三家代駕司機平台，這樣才會有更多的工作機會。

稍微說明一下，平台代駕司機的世界裡也存在他們專用的術語。東奎也說，想踏入代駕這行，得先學會行內話。唯有儘快掌握這些術語，執行任務才能更方便。「呼叫」指的是，上傳到平台代駕司機專用ＡＰＰ的顧客申請單。顧客輸入出發地和目的地，提出代駕申請之後，申請單就會出現在司機端的ＡＰＰ上，這就是「呼叫」。如果考慮到價格、目的地、移動時間、移動距離等因素，非常划算的呼叫單就被稱為「甜呼」；相反地，不划算的呼叫單就被稱為「屎呼」。除此之外，還有以下術語：

櫻桃：標示周圍代駕司機所在位置的紅點。

奥地：偏僻的無單地區或代駕司機過度密集的地區。

計駁：幾名代駕司機分攤計程車費，從奥地出來的計程接駁車（Taxi＋Shuttle）。

斜槓司機：白天有自己的工作，晚上才出來代駕的司機。

啪嗒族：徒步移動執行代駕任務的司機（啪嗒是形容腳步聲）。

代駕司機只要在平台按下「顯示目前位置」的按鈕，自己和附近司機們的位置就會以櫻桃紅點顯示在APP畫面上，「櫻桃」越多，就表示附近的代駕司機越多。東奎一出勤，就看到畫面上布滿密密麻麻的紅色櫻桃，心裡也變得焦躁起來。因為說穿了，這些人全都是他今天的競爭對手。櫻桃密布的戰場上，他也身在其中，這是櫻桃們想奪得賺錢先機的戰爭，一秒決定勝負。

「就算只差了〇．〇〇一秒，呼叫單就會落到先按下的人手上。等你計算好來回時間、費用多少的時候，這單早就消失了。只要看到滿是紅點的畫面，就會讓人喘不過氣來。」

平台是代駕司機謀生的世界

平台代駕司機端的ＡＰＰ上，會顯示顧客位置、駕駛距離、預估車資等訊息。只要目的地是客如雲來的江南區，或是可以賺到高額車資的珍貴「甜呼」，都會在櫻桃們的手指戰爭中被秒殺掉。給人的感覺宛如海市蜃樓，明明出現了卻又瞬間消失。因此，有些代駕司機經常換購最新型手機。該怎麼說呢，如果4G和5G同時存在，5G接到的呼叫單，4G就接不到，所以投資設備也是提高競爭力的一種手段。

東奎也為了能更快搶到呼叫單，添購了最新機種的手機。出勤前，東奎重新啟動手機，因為他聽說這樣做可以加快操作速度。這也算是一種個人訣竅，為的是比別人快一步搶到金額和目的地等條件均佳的「甜呼」。在這短短不到一秒就能決定勝負的世界裡，只要能加快速度，什麼手段都得用上。

想找代駕的客人不知道何時會出現，所以必須在畫面上出現呼叫的那一瞬間就搶單。因為司機們全都繃緊了神經，「甜呼」一冒出來百分之百會被「秒殺」，瞬間從畫面上消失。為了抓住這樣的好運，東奎猛按「重新整理」鍵，不斷更新呼叫資訊，眼睛也一直盯著手機不放，只為了一有好的呼叫出現，就可以早他人一步搶下來。畢竟，平台上的一單單呼叫都直接關係到個人收入。鬣狗覓食就是這副模樣嗎？東奎緊盯著手機裡小小畫面的那份專注力令人驚嘆不已，所以他會抱怨「一整天都低頭滑手機，因而患上頸椎病」，也是可以理解的。

不僅如此，在搶到呼叫前，他連廁所都不敢去。因為從開始找廁所到上完廁所的這個過程很花時間，所以東奎時常一整天連口水都不喝。不只是喝水的問題，他也經常不吃晚飯，肚子真的餓到不行想進餐館吃頓飯，也得有破釜沉舟的勇氣才行。因為要填飽肚子就得花錢，還有可能錯過呼叫，損失可不算小。他覺得有這個時間，還不如靜待呼叫更划算。

工作與休息的界線早已消失，過去叫車中心會仲介客人，代駕司機之間的競爭沒這麼激烈，但在平台上只能自求多福，所以一件件工作都必須靠著激烈爭奪而來。面對這個不得不將每個人都視為競爭對手的現實世界，讓人著實感到悲傷和苦澀。當一個人意識到，和自己做著同樣工作的一群人之間不是同事關係，而是競爭對手的那一刻，焦慮和壓力就無可避免地會增加。

那麼，哪種呼叫單對東奎來說算是好單呢？身為啪嗒族司機的他，最喜歡目的地附近有公車或地鐵站。這樣的話，代駕工作結束後就可以利用大眾運輸工具回家，這也是為什麼東奎比別人更積極確認呼叫單的原因。

接單的時候，東奎最怕手機沒電，因為代駕司機一刻也離不開手機，所以電量消耗得特別快。東奎只要看到電量剩六〇％就會不安，起因就是他初期犯過的一個致命性的失誤，有好幾天都因為電池沒充飽，中間電量耗盡讓他一無所獲。後來，東奎總是隨身攜帶兩個備用電池。

代駕司機把手機備用電池稱為「彈夾」，因為對他們來說，手機就像軍人上戰場時手裡握的槍。因為要靠手機上的代駕ＡＰＰ搶單，所以跟槍沒了子彈就變成廢物一樣，沒有手機就無法站在工作的最前線。

站在一旁看著東奎工作的模樣，不禁讓我想起作家金薰的作品《謀生疲乏》（밥벌이의 지겨움）裡的一段話：

「電池耗盡的時候，手機就會發出『咕～』的一聲死去。手機咕～一聲死去的當下，我與這個世界也就此隔絕。

站在大街上，當手機咕～一聲死去時，我突然不想活了。隔絕我與這世界的聲音竟是如此平凡無奇，咕……。」

對東奎來說，手機既是謀生工具，也是將他與代駕司機的世界連接在一起的重要手段。很明顯地，平台是帶給東奎新職業機會的場所，但從另一方面來看，或許也是讓他陷入無止境競爭的枷鎖。

職業不分貴賤

東奎透過平台投入代駕司機工作時一切都很順利，但他因為年紀輕、駕駛經驗少，也承受了不少壓力。雖然在學校裡學到的是職業不分貴賤，但他所經歷的現實中，職業卻存在貴賤。

客人：「代駕做多久了？」

東奎：「八個月了。」

客人：「你會開車嗎？」

東奎：「會。」

客人：「幾歲啦？」

東圭：「我二十八歲。」

客人：「哎唷，才二十八歲，幹代駕這行早了點吧？」

是因為他年輕的臉龐和聲音嗎？代駕時最常被問到的就是他的年齡。大多數顧客都是中年人，也就是像父親那一代的人，在他們眼裡，東奎看起來跟自己的兒子是同輩人。再加上他年紀又小，於是很多人跟他說起話來連最基本的禮儀都沒有，還會因為東奎年紀輕輕當起代駕司機，而感覺他不太可靠，便一直嘮叨他到底會不會開車。更過分的是，有人會把腳伸到駕駛座來，散發出陣陣的腳臭味。而比代駕更痛苦的，是情緒勞動。

要應付一個喝醉酒無理取鬧或粗魯無禮的人，不是一件容易的事情。他們有一套自己的劇本，先問東奎的年齡，然後像是不約而同般，問起同樣的問題。

「年紀輕輕的為什麼要做這種工作？」他們口中的「這種」工作，究竟是指什麼樣的工作？東奎雖然不是很肯定，卻模糊地知道一定是不好的意思。他不明白自己的工作既不傷天害理又不違法亂紀，為什麼要有做錯事的感覺。

「年紀輕輕的，為什麼不去找更好的工作？」「為什麼不再更努力一些？」「為什麼只能做這種水準的工作？」是因為他太自卑了，這些話才會聽起來像責備嗎？雖然對客人的問話，他只能一笑置之，但還是難以抹殺心中的苦澀，因為他的工作沒有被當成一種職業而受到尊重。

東奎也是普通人，怎麼會沒有那樣的感受呢？平台的工作很辛苦，必須不停尋找工作機會，那種勞累和壓力都非常大。而且每個人都有可能成為競爭對手，所以比其他任何圈子的競爭都更為激烈，也更令人焦慮。然而，東奎之所以無法放棄這份工作的原因，就在於靠這份工作賺來的錢，可以支持他實現夢想。東奎希望自己草創的補習班事業能蒸蒸日上、大展鴻圖，所以別無選擇，只能更用力地緊抱著這份工作不放。

因此，這份在某些人看來卑微庸俗的工作，東奎卻萬分珍惜。要不是有代駕司機這種職業，說不定他早就放棄了補習班事業；就是因為有他每一天揮灑的汗水，補習班才得以維持，這個理由也讓他堅信「職業不分貴賤」。

在平台上低到不能再低的勞動代價

一九八二年二月，韓國一家報紙對代理駕駛的出現做了以下報導：

「隨著警方加強取締酒後駕駛等違反深夜交通秩序的行為，首爾出現了幾家為酒醉車主提供服務的代駕公司，一天可以創下三十多件業績，生意欣欣向榮。」

根據報導內容，代駕業蓬勃發展的起因是：一九八一年韓國警方引進酒測儀，加強取締酒駕。自從隔年一月五日韓國解除宵禁之後，正逢私家車熱潮興起，韓國國民盡享夜間出行的自由，代駕產業也在此時趁勢而起。有趣的是，代駕是隨著私家車熱潮一同興起的。一九八〇年代時，代駕公司還只有少數幾家。但最近隨著代駕司機轉往平台工作之後，代駕公司的數量就呈爆炸性的增加，入行的門檻也降得更低，受吸引而成為代駕司機的人當中，絕大多數都是年輕人。持續的就業寒潮，加上新冠疫情的肆虐，年輕人很難找到工作，甚至出現合併指稱失業者和信用不良者的新詞「青年失信時代」。然而，難道只有年輕人如此嗎？由於生活拮据，連女人和老年人也投入代駕的行列。代駕司機越來越多，競爭也越來越激烈，代駕司機通常多半都會同時使用二至三個代駕ＡＰＰ，就可以在一天七小時的時間裡，執行五件左右的任務。如此連續工作一個月，得到的收入約為兩百萬韓元（約台幣四萬七千六百二十元）。

如果同時安裝好幾個代駕ＡＰＰ，雖然可以提高接單率，但相對地固定支出也會變多，因為司機每個月平均必須繳交三萬八千韓元（約台幣九百零四元）的ＡＰＰ使用費，以及十一萬八千韓元（約台幣二千八百零九元）的保險費給代駕平台業者。如果同時註冊好幾家業者，就必須加倍負擔使用費和保險費。

東奎每天晚上都很努力地四處奔波，從代駕司機收入高峰的傍晚六點開始，工作到凌晨一點為止。在黑漆漆的夜裡，代理駕駛賺到的錢大約是六萬多韓元（因為新冠疫情擴散所導致的保持社交距離規定，餐廳只能營業到晚上十點，代駕司機的尖峰時間因此變短，收入也隨之減少）。即使如此，這錢也不是全都歸東奎所有，平台業者還要從中抽取二〇％的手續費。也就是說，從客人手中拿到代駕費一萬韓元的話，就要繳兩千韓元的手續費。

所以，不得不接下「屎呼」的時候，真的很為難。晚上十二點左右，搶到一單一萬韓元的呼叫，結束代駕工作回家時，卻因為大眾交通運輸都已收班，只好搭計程車回去。這簡直就是本末倒置，一點也不划算。再加上又是深夜工作，算起來連基本工資都不到。因此眼看著時間越來越晚，東奎也盡量跳過「屎呼」，只想搶下代駕費一萬五千韓元以上的呼叫單。考慮到手續費，這個方法是最好的。

「我每天大概工作七小時，賺六萬韓元左右。可是扣掉手續費的話，入手的錢就沒剩多少，所以最近只能盡量多搶單。問題是，工作時間也因此持續拉長。」

手續費雖然是一大負擔，但東奎為了賺錢，無奈之下也不得不使用平台。想賺到理想收入，就必須接到更好的呼叫，工作更長的時間。

因為有手續費的負擔，東奎正在考慮轉往自動分配呼叫的平台業者。自動分配呼叫是指：從晚上九點到凌晨一點，呼叫申請單大量湧進的尖峰時段，由業者自動分配近處的呼叫。這樣做的缺點是，在一定時間裡被動接單，只能以時薪計酬，但優點是在競爭激烈的戰場上可以暫時喘一口氣。東奎正在尋找可以持續這份工作的方法，哪怕只多做一天也好。

隨著仲介代駕司機和顧客的平台業者如雨後春筍般出現，代駕費也變得越來越低。平台上宣稱的勞動報酬與現實相去甚遠，隨著更多的代駕司機進入平台，競爭越是激烈，他們的勞動報酬也會被訂到低得不能再低的程度，這才是現實情況。

便利商店是我的充電站

說起平台工作的特徵，就是沒有辦公室。代駕司機也一樣，主要是在路上度過大部分的時間，因此深受天氣的影響。基本上，會在毫無保護的狀態下暴露在酷暑寒冬中，萬一碰上雨天還得找地方避雨。這時通常會急忙衝進視線裡的任何一幢大樓，但因為要看人臉色，所以多半還是跑到地鐵站裡。地鐵站有無線網路，是東奎最愛的地方。

代駕司機一天平均摸到方向盤的次數，運氣好的話大概五單左右，剩餘時間基本上都在待命接單。那麼他們通常都在哪裡待命呢？有沒有可以暫時休憩的地方？老實說，沒有。真正可以休息一下的場所，就只有三六五自助銀行（譯註：韓國365天全年無休的無人銀行）和便利商店罷了。

在接單前難道不能去餐館吃個飯嗎？東奎到餐館邊吃飯邊等呼叫的次數屈指可數，因為要搶著接單，手機片刻不能離手，一旦全副精神都集中在呼叫上，就沒辦法專心吃飯。有時候狼吞虎嚥吃了下去，結果一整天只能抱著消化不良的肚子工作。好幾次他點餐後才接到呼叫，只能放著一口都沒吃的餐點走出來。從那之後，他其實已經放棄晚餐這回事。身為代駕司機，工作時就要盡量保持簡單。那也可以在咖啡館一面休息一面等呼叫呀？但走進咖啡館就一定要點飲料喝，這樣就會有支出。在還不知道當天能接到多少呼叫的情況下，這就是一種奢侈。

所以今天東奎也去了便利商店。這裡對他來說就像大本營，可以讓被夜晚冰冷空氣凍僵的身體暖和起來；感覺有點餓的話，還可以用三角飯糰或杯麵來填飽肚子。花個兩千韓元就能解決一餐，就算再多花一點，也不會超過三千韓元，這金額是他可以毫無負擔花在一頓晚飯上的極限。

不管味道如何，東奎吃飯的速度非常快，即使在吃飯的時候，視線也是片刻不離手機。隨著食物逐漸被消滅，他也越發顯得焦躁不安，每分每秒都很著急。不管怎樣，對東奎來說，可以暫時坐下來的便利商店是最好的休憩空間和充電站，因為可以同時解決單純的飢餓感和等待這兩件事。運氣好的話還可以幫手機電池充電，但充電時為什麼還要四下觀察別人的臉色呢？這是在做代駕司機工作時養成的習慣，會在不知不覺間一直觀察顧客或周圍其他人的臉色。

目前韓國國內的代駕司機估計約有二十萬人。他們大概也像東奎一樣在便利商店等著接呼叫吧。如果看到有人一身便服，目不轉睛地盯著手機奔跑在夜晚的街道上，那麼這個人大概就是接到呼叫，正跑向顧客位置的代駕司機！在夜晚空蕩蕩的街道上，看著手機漫無目的走著、不停抽著菸卻手機不離手，他們的勞動填滿了城市的夜晚。在城市沉睡的時間裡，對某些人來說，這個夜晚宛如永恆一樣漫長，競爭卻又如此激烈。

平台承諾的美好未來在哪裡？

▼

Uber 司機

平台工作者：里卡多父子

Uber 是一家網路運輸公司，總部位於美國加州舊金山，以開發行動應用程式連結乘客和司機，提供載客車輛租賃及媒合共乘的共享型經濟服務。乘客可以透過應用程式來預約載客車輛，並且追蹤車輛的位置。

——維基百科

新機會的光和影

「在美國，只要努力工作就能成功，過著幸福的生活。」這樣的美國夢，現在還有效嗎？過去一度被認為是海市蜃樓的美國夢，在「平台企業」做為第四次工業革命的代表登場後，又重新萌芽。「即使沒有工廠、即使不投入巨額資金，憑藉奇思妙想也能成為矽谷英雄」的希望，被當成新的美國夢。

有人夢想去火星，有人在二十多歲時成為《時代》（*Times*）雜誌評選的年度風雲人物。由此看來，光輝的美國夢似乎依然有效。今天在美國矽谷，一邊夢想成為新時代的伊隆．馬斯克（Elon Musk）和馬克．祖克柏（Mark Zuckerberg），一邊為未來做準備的年輕人們，正在設計新時代的平台。

這裡有一對父子，可惜不是「富者」**（譯註：韓文爲「부자」，其漢字有**

「富者」和「父子」之分）。父親里卡多是Uber司機，他的兒子小里卡多則靠著Uber、汽車共乘平台Lyft和美食外送平台Postmates等各類平台工作維持生計。他們的據點雖然在加州——美國夢的象徵，卻把大部分的時間都花在車子裡，只為了實現自己的夢想。對他們來說，汽車就是他們的家、他們的工作場所，也是不可或缺的交通工具。

創造新美國夢的矽谷主角們，打造出為里卡多父子提供工作崗位的平台企業，但型態和以往有所不同。就像第四次工業革命「無須建廠」的座右銘一樣，新型態的企業並沒有為勞工提供「屋頂」「化妝室」和「伙食」。里卡多父子沒有職場，只被加諸了「任務（task）」和「使命（mission）」。在業者不提供任何保障和保護的情況下，今天父子倆也為了忠實執行業務在道路上奔馳。

職場消失的時代來臨。更正確的說法是：「職業」沒有改變，但職場和過去不同。現在，美國勞工約有三〇％是自由工作者，其中也包括平台工作者。一輩子在一家公司工作領薪水的正職員工型態已然消失，有越來越多人採取論件計酬的方式，「隨時、隨地、自由地」工作著。隨著Google、Facebook、Apple、Twitter、Uber等引領第四次工業革命的世界頂級平台企業登場，也加速了這樣的變化。

「對我們來說，最大的問題是『汽車共享是否可行？』『我們能否創造出一種價格低廉，讓人們願意共享的運輸工具？』幸運的是，絕大多數的答案是肯定的。」——崔維斯・卡蘭尼克（Travis Kalanick），Uber創始人

在這之中，汽車共享服務Uber最能體現數位平台企業的成果，以及隨之而來的變化。Uber自二〇〇九年首次亮相之後，只用了十多年的時間，就讓世界出現許多變化。只要在手機裡安裝應用程式，就可以在世界任何地方輕鬆使用Uber車輛。應用程式中會體貼地告知預估車資，還能確認司

機名字和星級評分。因為有了低廉、值得信賴的優點，使用者數量爆增到每月平均九千一百萬人（美國證券交易委員會，二〇一八）。

做為世界最大的汽車共享平台企業，Uber迄今為止名下卻從未擁有過一台「Uber車輛」，就像「Airbnb」名下從未擁有過一間房屋，只憑藉媒合供應者和需求者的技術，就成長為世界級住宿平台。但是很少有人知道，隨著Uber的問世，也創造出新型態的就業機會。乍看之下似乎是既有的計程車司機被Uber司機取代，但其實是全職工作（計程車司機）消失，其位置被「零工經濟（Gig Economy）」，也就是平台工作者所取代。成長速度令人矚目的平台企業，當真創造了革新的就業機會嗎？在那裡工作的勞工們是否仍然懷抱著美國夢呢？

道路上的人生

清晨五點，里卡多走出家門，停車場裡停著一輛高級凱迪拉克轎車。

里卡多是資歷六年的 Uber 司機，由於提供車輛共享服務的 Uber 平台採分級制度，根據司機所擁有的汽車分為 Uber X、Uber Comfort、Uber black（排氣量三千毫升高級房車）。駕駛的車輛等級越高，收取的車資就越多，因此里卡多不久前向銀行貸款，將原本的日產汽車（Uber X 等級）換成了凱迪拉克轎車（Uber black 等級）。每月分期償還的六百八十美元（約台幣一萬八千三百六十元，本文中的美元兌台幣匯率一律以一：二十七計算）雖然有點沉重，但這也是眼看著最近 Uber X 的車資大幅降低，不得不採取的應對方案。

在出發前，里卡多先將三台手機固定在手機架上，一台安裝 Uber APP，一台安裝 Lyft APP，第三台則是導航用。每台手機各自運作不同的應用程式，才能比別人先一步搶到好呼叫。手機每月費率為六十美元（約台幣一千六百二十元），里卡多每月總共要繳一百八十美元的電話費。屬於個人經營者的 Uber 司機，不僅要支付手機電話費，還得自行承擔所有維護車輛必要的費用。

里卡多的凱迪拉克轎車在道路上奔馳，對 Uber 司機來說，上午六點到九點的上班時間是最重要的，因為在一天的二十四小時中，這段時間有最多的呼叫湧入，所以一天的收入也取決於此時接了多少呼叫。

「叮咚」一聲，里卡多的 Uber APP 被分配到第一單呼叫。

二・五英里（約四公里），距離預估收益五至六美元

考慮到現在是上班時間，這呼叫也沒多好，但猶豫了一下之後，里卡多還是按下接受按鈕。Uber 規定，如果在呼叫分配後大約十秒內沒有決定

接受與否的話，這單就會轉給別的司機。接單之後，導航儀隨即詳細告知前往接客地點的路線。他們不會像以前的計程車司機一樣，把洛杉磯市區的道路全部背下來，只要沿著Uber演算法所告知的路線走就可以。這也等於是從接受呼叫的那一刻起，就開始聽從隱形的「職場上司」指令。一抵達接客地點，就看到一位男士站在路邊盯著手機看。使用Uber的顧客可以從應用程式上即時確認車輛動態。

「請問是古斯塔夫先生嗎？」

「是的，沒錯！」

「歡迎搭乘。今天交通較為擁擠，不過沒關係！」

里卡多確認了叫車乘客之後，就將車駛往目的地。古斯塔夫（乘客）的ＡＰＰ上響起開始計程的提示聲，里卡多的ＡＰＰ上則顯示前往目的地的詳細行進路線。上班時段行駛到距離二・五英里的目的地，總共花費二十二分鐘。乘客一下車，里卡多的ＡＰＰ上就出現計程收益，五美元四美分（約台幣一百四十五元），這是扣掉平台手續費（service fee）二八％之後的金額。

Uber雖然公開宣稱要透過IT技術分享「共享經濟」的利益，最近卻大幅提高向司機收取的手續費。在洛杉磯地區，司機如果賺了一百美元的計程車資，其中的二十八美元就得付給平台，做為使用ＡＰＰ的費用。也就是說，因為他們並不是公司僱用的「員工」，而是使用開發技術的「消費者」，因此必須支付每單金額二八％的使用費。

不僅如此，近來隨著Uber與Lyft在平台上招募更多司機，共享車輛服務市場幾乎已達飽和狀態。洛杉磯地區，光是Uber司機數量就有十萬名之多。隨著競爭越來越激烈，Uber的計程車資卻大幅下降。四年前，在洛杉磯地區行駛二・五英里的話，可以賺到三十美元（約台幣八百一十元），但現在只有五至六美元左右，和洛杉磯地區的公車、地鐵車費相比也沒有差太多。相反地，Uber 司機必須負擔的油費和保險費卻每年遞增，這也是里卡多越發煩惱的原因。

有人只把 Uber 司機的工作當成副業，里卡多卻是靠這維持家計的全職司機。現在他一天平均工作十四小時，一周必須工作八十至一百小時，和過去一周只要工作三十至四十小時，就可以維持生計的時期相比，生活品質大幅下降。前不久，他才投資「Uber black」等級的高級凱迪拉克轎車，但里卡多的月收入仍然不到四千美元（約台幣十萬零八百元）。平台企業所承諾的美國夢——「任何人都可以成為安逸的中產階級！」不過是海市蜃樓罷了，Uber 司機得到的收入越來越少，但在道路上度過的時間卻越來越長。

司機的資格

一輛凱迪拉克轎車停在洛杉磯市區一家高級旅館的入口處，每次里卡多來這裡，總有一個車位讓他能停車等待呼叫，而且就在離旅館正門直線距離最近的位置。Uber 的呼叫分配系統以位置為基礎，離旅館越近，呼叫先出現的機率也越高。其他司機也知道能分配到呼叫的最佳地點，所以偶爾會因為先來後到的問題發生卡位戰，幸好今天里卡多占據了旅館外圍最好的位置。

里卡多再次點開 Uber APP，在他的簡歷上，除了「通西班牙語、英語」的說明之外，還標示了他的星級評價四．九一分。對 Uber 司機來說，星級評分的重要性就等於是乘客和司機的直線距離。也就是說，萬一在同一家旅館前面有好幾名司機同時待命的話，星級評分高的司機就能優先接到呼叫；星級評分低的司機就算運氣好被安排到呼叫，但乘客一看評分低就取消的情況也不少。因此，星級評分是對 Uber 司機最重要的評價因素。

這個星級評價系統不只影響到呼叫安排的先後順序，評分下降的話，還有可能連司機的資格都被取消。

「如果乘客給了五星以下的評分，就等於是要求解僱這名司機的意思；如果星級評分掉到四．五九的話，司機帳戶就會被停權。」

實際上，過去司機的星級評分在四．六以下、接單率低於八〇％至九〇％以下、接單後取消率在五％以下的話，司機帳戶就會被停權，這也等於下達了解僱處分。四．六分是星級評價的合格線，Uber 司機們為了通過這條合格線，今天也忠實地遵守公司所提出的標準。

要求叫車的旅館客人上了里卡多的車。「您好！」里卡多親切地簡短問候。當了六年 Uber 司機的他，為了得到乘客的高分評價，自有個人訣竅。乘客一上車先說一聲：「您好！」再問一句，「一切都還順利吧？」如果客人只是簡短回答的話，就可以判斷出他無意交談，也就不再跟客人多說話；相反地，如果客人說起自己的事情，長篇大論地回答，就盡量配合氣氛陪客人聊天。這樣的情況，多數客人都會給五星滿分的評價。只有細心地考慮到乘客的心情，才能維持星級高分。

為乘客提供最舒適的環境也很重要，里卡多時常會在後座放置免費礦泉水和小糖果，每周洗一次車，每三個月仔細清洗汽車內部一次。新冠病毒肆虐全球之後，他又花大錢在後座安裝殺菌消毒機。雖然沒有接到Uber方面的任何指示，但為了得到乘客的高分評價，里卡多自行提升了服務品質。

一般來說，企業為了提供消費者更優質的服務，投資時會根據預期的業績來深入計算成本；相反地，平台企業的投資在層次上則略有不同。在平台企業所製造的無休止競爭叢林裡，為了進一步提供消費者優質服務而花錢投資的主體，是平台工作者，而非平台企業本身。企業所打出的「自主」廣告詞雖然甜美，事實上卻將「風險」和「競爭」兩項因素都交由個人來承擔。Uber司機在「無人指使的情況下」，也會自動將車輛維持在「最佳水準」。里卡多的簡歷上，留有乘客的星級評分和評論：

「里卡多，謝謝你！」

「一次舒適的乘車經驗。」

「謝謝提供礦泉水。」

里卡多的車駛達目的地。「祝您有個美好的一天！」里卡多鄭重地向下車乘客致意。跑了六十七英里（約十公里），到手的錢只有區區六美元（約台幣一百六十二元）。想到油錢和每月高達兩百美元的汽車保險費，這金額真是低得離譜，這時也只有乘客留下的星級評分足以安慰。前不久有位乘客因為不喜歡車裡空氣清新劑的氣味，只給了三顆星的評價，使得里卡多的平均星級評分掉了下來。雖然無法顧及所有乘客對空氣清新劑的喜好，但司機們往往也會因為這種不合理的原因而得到低評。為了滿足乘客難以捉摸的喜好和心情，必須付出的投資費用必然會越來越高。也因為如此，星級評分成了決定里卡多生計的標準，評價越接近四．六分，他就越得做個「情緒勞工」，對乘客察言觀色、態度近乎諂媚。

陷入螞蟻地獄泥沼

里卡多是移民第二代，墨西哥出身的父親在一九五〇年代移民到美國威斯康辛州。當時威斯康辛地區以汽車工業聞名於世，里卡多的父親正巧因為在汽車工廠當工人，所以比其他移民更快站穩腳跟。經過幾年的努力，他的父親開設了一家小型卡車物流公司，也算真正實現晉升中產階層的美國夢。多虧有父親的努力，里卡多在豐衣足食的環境下長大，二十多歲拿到軟體工程師碩士學位後，就進入一家不錯的IT公司任職。但是二〇〇五年的某一天，當里卡多偶然在臉書上看到 Uber 招募司機的廣告之後，他的人生就有了天翻地覆的轉變。

「無須輪值，沒有上司，不受拘束。」廣告內容講述，只要成了 Uber 司機就能擁有自由之身，成為新型態的事業家。保障時薪三十美元（約台幣八百一十元）的收益，只要努力工作，年收入可以超過九萬美元（約台幣兩百四十三萬元），這點也很吸引人。里卡多一天坐在電腦前面工作的時間都超過八個小時，簡直無聊透了，因此他在好奇心的驅使下註冊成為 Uber 司機。過程比想像中來得簡單，首先在手機上安裝司機專用應用程式，然後將車輛開到指定地區的維修站接受檢驗，再經過為時一周的身家調查後，就可以開始上路。事實上，成為 Uber 司機的門檻，可說是幾乎沒有。

一開始只是當成副業，里卡多僅在下班後或周末才從事 Uber 司機的工作。只要有手機和自己平常代步用的日產小轎車（Uber X等級），隨時隨地都可以工作。而且也如公司所承諾的一般，可以賺進每小時三十美元的收入。只要認真工作，年收入一萬美元（約台幣二十七萬元）也是有可能的。於是里卡多向公司請了兩個星期的假，正式投入全職Uber司機的生活，存摺裡比現職薪水多了三〇%的進帳。二〇一五年三月，里卡多終於向公司提出辭呈，成為一名全職Uber司機。

那時，里卡多也像他父親一樣，懷抱著另一個美國夢。頭一年，他的年收入甚至將近一萬美元，雖然沒有隨工作年資加薪或晉升的機會，但他覺得自己已經如Uber所承諾的一般，成為收入不錯的「個人經營者」。這段期間他還曾經擔任Lyft的宣傳大使，只要推薦一位新司機，就能得到兩百美元（約台幣五千四百元）的獎金。二〇一五年，他在一年間就推薦了大約一百人成為共乘司機，其中就包括找不到適合工作而四處遊蕩的兒子小里卡多。里卡多的兒子也走上和他相同的一條道路，那時候他真心認為這是一個不錯的工作崗位。

然而，隨著時間過去，情況開始有了改變。Uber在洛杉磯地區實施固定價格制，從洛杉磯機場到市區的車資一律是固定的八十美元（約台幣兩千一百六十元）。過去按照使用時間和是否塞車，適用不同級別的車資，現在一律改為單一價格，司機的收入也比過去大幅減少。甚至在固定價格制實施沒多久，連計程收益也暴跌，從每英里二·五美元（約台幣六百七十五元），掉到只有〇·六美元（約台幣十六·二元），司機的平均收益更驟降到每小時十美元（約台幣兩百七十元）的水準。如果再扣除油費和車輛維修費用，每小時收益更只剩下八·五美（約台幣兩百二十九元）元，這數字甚至遠低於美國加利福尼亞州所規定的基本工資（每小時十四美元（約台幣三百七十八元，二〇二一年）。即便情況如此，Uber方面卻還是要求司機升級汽車，並且規定低於一定等級的汽車不得擔任Uber司機，但公司完全不補貼汽車升級的費用，全部都得由懷抱美國夢的平台工作者自己承擔。

里卡多說，Uber司機系統就像一個「螞蟻地獄」（**譯註：蟻獅爲攝食螞蟻等昆蟲在沙地上挖的陷阱**），一踏入就難以脫身。在美國的聘用系統中，最看重的就是申請者的資歷，但是Uber司機的資歷卻很難被認可。就像Uber公司的廣告一樣，只要有一輛車和一支手機，誰都可以成為Uber司機，但是換個角度來說，這也等於是一份不受任何人認可的「職業」。銀行也不承認他們是法定勞工，因此信用度當然就低，很難申請到貸款。里卡多也一樣，雖然有著六年的Uber司機資歷，卻找不到可以重新就業的職場。

里卡多打開凱迪拉克後車廂，裡面堆滿了當初他擔任宣傳大使時使用的宣傳品，有描寫共乘平台企業光明前景的小冊子，以及印著公司閃亮標誌的T恤和帽子，然而里卡多已經不再相信那時他們所承諾的瑰麗未來。

第四次工業革命時代的新遊民

洛杉磯國際機場公認是美國西部地區最大的機場，這裡有第四次工業革命造就的數百名平台工作者。他們手裡日復一日緊握手機，二十四小時待命，這群人就是 Uber 和 Lyft 司機。

距離洛杉磯國際機場大約一公里遠的地方，有座特別的停車場，附設簡易廁所和洗臉台，甚至還有餐車。這裡，就是數百名 Uber 和 Lyft 司機待命的空間。所有司機在這裡都是二十四小時手機不離手，只因為不想錯過不知何時會被分配到的叫車機會。不管是上廁所、在車裡小憩，或在餐車上吃飯，都不會放下手機，甚至有人握著手機在停車場裡運動。

擔任 Lyft 司機已經三年的阿巴洛，也在這裡待命了兩個小時。雖然周圍有數百名星級競爭者，但在長途乘客較多的機場待命，收入還算是不錯。阿巴洛一點開 Lyft APP，便出現已有一百六十名司機在此待命的訊息。

「機場內已有一百六十名司機在排隊待命（In airport queue, 160 drivers ahead of you.）」

等了許久之後，才終於出現乘車呼叫。Lyft 叫車系統不會明確標示乘客的目的地，如果不是長途的話，之前長時間的等待就算是白等了。隨著阿巴洛短暫的猶豫，應用程式「接受（Accept）」按鈕下方標示的倒數計時數字也逐漸減少。十秒內沒有按下接受的話，這單呼叫就會轉到別的司機手上。就在阿巴洛猶豫之際，十秒計時結束，程式上出現提示訊息，阿巴洛在機場待命的順序從八〇號往後推到一三四號，要想再次接到乘車呼叫，又得在機場重新等待兩小時左右。

阿巴洛說，在機場待命的司機們就像棋盤上的「馬」，Lyft、Uber 之類的共乘平台企業制定了遊戲規則，也就是演算法，司機們只能照單全收。這個演算法是平台企業為了創造收益而完美設計出來的。當乘客需求集中在特定地區時，Uber就會提出促銷（支付高於規定車資的制度），促使洛杉磯地區十萬名司機湧向高需求地區，卻對其中九萬名司機載不到乘客的事實漠不關心。然而，企業則透過載到乘客的一萬名司機所繳交的手續費，獲取最大的利潤。

在棋盤上落後的司機，最後結果就是淪落為第四次工業革命製造出來的新一批無家可歸者。事實上，在Uber司機交流的Uber People論壇（http://uberpeople.net）上，有很多貼文詢問廁所位置以便解決衛生問題。司機們通常會回答可以從Google地圖上查找最近的速食店，但也有人回說可以包成人用紙尿布或用寶特瓶來解決，甚至還有人上傳自己的尿桶照片做為證明。也有不少回文表示，自己為了賺五美元（約台幣一百三十五元），重複等待呼叫近三個小時，甚至因此得服用鎮靜劑。

相反地，設計棋盤的平台業者每年都有輝煌的成長。二〇〇九年創業的Uber，在二〇一九年紐約股市上市當時，被評定的企業價值高達一千兩百億美元（約台幣三兆兩千四百億元），一口氣就超越了有百年歷史的通用汽車和福特汽車。這和 Uber 司機的現狀形成強烈對比，他們的時薪只有八．五美元，連加州基本時薪都不到（麻省理工學院，二〇一八年）。

平台企業創造了世上原本沒有的「工作崗位」，卻只專注在革新之名所創造的利潤上。對工作崗位的革新方式，正與勞工的人權背道而馳，工作的不確定性越來越高，勞工的生活品質惡劣到難以想像的地步。

不平等的局面不可能長久維持，尖端技術與貧窮勞工之間必然會出現裂痕。Uber 創始人崔維斯．卡蘭尼克在搭車時，與一名認出他的 Uber 司機發生爭執。這段場景被行車記錄器完整錄下，並發布到 YouTube 上，引發眾人公憤。

「我因為你們破產了，你們（車資）一直在變。」

「等一下，我們哪有一直變？」

「剛開始是一英里二十美元，現在多少錢，二．七五美元？」

「有些人不知道為自己的錯誤承擔責任，總是將生活裡的一切歸咎他人。祝你好運！」

這位司機抱怨，為了購買 Uber Black 等級的車輛，他投資了九萬七千美元（約台幣兩百六十一萬九千元），沒想到隨著時間過去，Uber 的計程車資卻越來越低，讓他蒙受巨大損失。但是創始人卻斬釘截鐵地說：「因車資政策改變產生的結果，應該由司機們自己承擔。車資變低的話，那就延長工作時間。」

雖然平台企業成長耀眼，勞工卻變得更加貧窮。這代表了 Uber 創造的演算法技術，讓勞工的生活朝著完全意想不到的方向轉變，甚至將 Uber 司機的身分從「受僱勞工」變成「應用程式的使用者」，即「個人經營者」。如此一來，企業就可以大幅節省假期工資、健康保險和失業救濟金等費用。透過演算法的星級評價和評論系統，就能按照自己預期的方向掌控司機。

平台企業逐步朝著利潤極大化的方向改變演算法系統，以所謂「薄利多銷」的方式降低每單計程車資，同時大幅增加用戶，以便創造最大利潤。為了達到這個目的，近來 Uber 司機的數量也跟著大幅增加。這種方式的演算法會造成司機陷於低工資、長工時的環境，但這點卻完全不在企業的考慮範圍內。到了最後，司機的美國夢永遠沒有實現的一天。創始人卻將責任歸咎於司機的「懶惰」，責怪他們沒有更努力。

二〇一九年五月，Uber 正準備在紐約股市上市，全世界卻爆發了抗議示威。美國、法國、俄國、肯亞等世界各地的 Uber 司機，展開了刪除 Uber 應用程式的活動，要求「公平的計程車資」。同時，司機們稱自己不是「個人經營者」，而是「公司僱用的員工」，並為此提出訴訟。此時，誕生無數平台企業的美國加利福尼亞州，提出了一項有意義的法案——A

B5法案（Assembly Bill 5），規定除非是特殊情況不受認可，否則必須承認平台工作者為企業直接僱用的「員工」。換句話說，如果無法完全滿足「不受該公司的指揮和管控」「除了該公司的通常性商務之外還另外執行其他業務」「擁有獨立客戶層」這三個條件的話，就必須將工作者歸類為受僱員工，而非個人經營者。

然而AB5法案在二〇二〇年一月施行前夕遭遇難關，Uber與美食及商品外送服務Postmates等平台企業，對相關法案提起違憲訴訟，並且投入天文數字般的金額展開遊說工作，試圖阻止法案通過。結果，二〇二〇年十一月，加州議會通過第二十二號公投提案（Proposition 22，提案全稱為「豁免基於應用程式的運輸公司和快遞公司向特定駕駛員提供員工福利」），將運輸司機和送貨司機歸為個人經營者，Uber和Lyft才得以逃過AB5法案。Uber依然可以不承認全世界三百九十萬名司機是法定勞工。

世代相傳的兩難困境，平台工作的陷阱

「平台企業當然會賺大錢，因為是他們提出這個構想，從底層開始，讓公司發展到今天這個位置。但是像 Uber 和 Lyft 這類的平台企業，在賺得數十億美元之際，卻讓司機們陷於挨餓、無家可歸的境地，這是不對的。」

里卡多最後悔的一件事，就是建議兒子加入平台工作。當然，那時候汽車共享司機的收入算是不錯的，而且大家都相信「只要肯努力就能過得很好」。兒子當時高中畢業，找不到適當的工作，惶惶不可終日。即使如此，如果時間可以倒流，他絕對不會建議兒子從事平台工作。

晚上十一點，小里卡多把車停在沃爾瑪超市（Walmart）的停車場。對他來說，大賣場營業時間結束後的停車場，就等於是他的家。今天工作提早結束，他正打算休息一下，手機提示音突然響起。

「〈通知〉錯失呼叫次數太多，請接受呼叫。如果想休息，請登出 Lyft APP。」

透過演算法，共乘平台 Lyft 可以確認司機的車輛是否正在行駛，如果感應不到車輛在行駛中的話，就會發送簡訊催促司機接單工作。小里卡多連忙登出應用程式，在車裡攤開被子睡覺。他和父親一樣是平台工作者，從事汽車共乘平台工作已有一年的時間。小里卡多已經結婚，還有一個兩歲的兒子，但因為經濟上的原因，獨自露宿在車子裡，他的妻子和兒子則住在娘家。不知不覺間，他已經離開家人露宿在車裡四十五天了。

小里卡多原本在麥當勞打工，時薪十五美元（約台幣四百零五元），至少能賺到基本工資。但自從兒子出生之後，情況就發生變化。從奶粉到紙尿布，要花錢的地方比想像中來得多。想賺錢就得找到更好的工作，那時父親推薦的就是 Lyft 司機。他相信只要認真工作就能賺到錢，所以沒有多考慮就買了一台 Lyft 用汽車，然而現實卻不是那麼回事。每英里的計程車資越來越低，即便延長工作時間，收入也有限。最後，小里卡多連房租都付不出來，只好讓妻兒回娘家，自己則住在車子裡。平台企業承諾的美國夢是虛幻的海市蜃樓，他已經淪落為第四次工業革命製造出來的新一批無家可歸者。

小里卡多只有星期六才和妻兒見面，但這天也不能完全不工作。為了能早一天有間房子和家人團聚，他還是得去賺錢。與平日不同的是，周末他做的是 Postmates 的美食外送工作（類似韓國的「外送民族」平台）。因為 Postmates 和 Lyft 不同，可以開著車和家人一起配送，對他來說，這是一個星期中唯一可以和家人團聚的時間。

「好高興能在一起，我昨天好想你們。」

「昨天也通宵工作了嗎？」

「嗯，工作一整個晚上了。」

夫妻倆簡短的對話還沒結束，就接到美食外送的呼叫，是中國連鎖餐館「熊貓快餐」的餐點外送，有宮保雞丁、陳皮雞、中式炒麵、糖醋里肌……配送這麼多餐點，到手的外送費也只有四美元（約台幣一百零八元）。收入雖然很低，但也只能安慰自己，距離擁有房子和家人團聚的時間又更近一步了。

「我想成為家人的經濟支柱，也想和他們一起共度美好時光。我工作的時候，總想著該怎麼做才能和家人有充分的時間在一起，怎麼樣才能賺到足夠的金錢。」

小里卡多的願望就是儘早和家人住在一起，而想做到這點，就得存錢準備同住的房子。但是比起他剛開始工作時，現在美國平台工作者的境遇變得更加惡劣，他想與家人團聚的時間點也變得越來越遙遠。今天，小里卡多也懷著焦慮的心情，在道路上不停奔馳。

以平台工作
實現財富自由？

▼

Instacart 生鮮雜貨代買外送員

平台工作者：傑克·西堤

Instacart 成立於 2012 年，專門提供生鮮雜貨代買代送服務的平台，主打從網站或 APP 下單購買後，1 小時內就送抵家門口的超快速配送服務。

我的夢想是成爲百萬富翁

二十七歲的傑克．西堤經營一個名為《夢想家傑克》的部落格，主要是記錄自己為實現財務自由的一舉一動。他的部落格在二十至三十歲世代之間十分受歡迎，因為內容包含了他為實現三十五歲退休的目標，如何努力的日常生活與訣竅。

傑克出生於泰國一個貧窮村莊，雖然住在木造違章建築林立的貧民區，但他的父母比任何人都努力工作。家境清寒的父親，十四歲就開始在汽車維修廠工作，到了四十歲的時候已經是個能力受肯定的維修師傅，他們家也是在這個時候開始賺大錢。當時泰國掀起一股買房熱潮，平凡的中產階層競相投資房地產，投機風氣盛行。傑克的父親也搭上這股房市熱潮，不僅拿出過去自己賺來的血汗錢，還向銀行借了巨額貸款，投入數百萬美元。然而到了一九九〇年代末期，一直長盛不衰的房地產泡沫終於破滅，傑克的父親一夕之間損失數百萬美元，還欠下龐大債務，成了身無分文的窮光蛋。最後，傑克一家決定到美國去，一家人就這樣開始了新的生活。那年，傑克才六歲。

傑克的父母在美國康乃狄克州的一處貧民區定居下來，做了所有非法居留者能做的工作。傑克還記得，父母一直很忙，時常短則幾天、長則幾星期見不到人。傑克從小看著父母受苦，感到很心疼，也親身體驗到貧窮有多可怕。不知不覺中，傑克下定決心，決不讓自己活得像父母那樣，但這並不是說他從此走上歧途。傑克的父母把辛苦賺來的錢全都花在兒子身上，因此傑克到高中畢業為止，一直在學習自己喜愛的高爾夫球，夢想將來成為一名職業高爾夫球選手，也在各種比賽中名列前茅，可惜他從來沒有拿過冠軍。然而，傑克卻在大學入學考試前放棄高爾夫球，決定報考醫學院。成了醫學院學生之後，傑克也沒有辜負父母的期望，一直穩定地成長。

按照既定的程序，傑克順利踏上從醫之路。但是，當傑克正為畢業後的前途煩惱時，他看到年近花甲依然辛苦工作的父母身影。在他的記憶中，父母總是在工作。一想到父母即使到了六十歲，甚至到了社會上所說的退休年齡六十五歲，一定還會像現在一樣辛苦工作，他心中的一角就隱隱作痛。

傑克的父母移民來美國之後就很少去旅行。在陌生土地上，當務之急就是努力賺錢、養家活口，他們從來沒想到要享受人生。最讓傑克難過的是，父母今後也沒有多少時間可以享受人生了。近來在千禧世代（**譯註：Millennials，一般指一九八〇年代和一九九〇年代出生的人，也稱Y世代**）之間，強調人生只有一次的「YOLO（You Only Live Once）生活」成為熱門話題，也掀起一波風潮。但是傑克知道，那樣的人生是他的父母現在、甚或未來都不可能經歷的。

傑克被迫看著父母為錢飽受壓力，他們宛如口頭禪一樣說著：「如果有一天我成功了……」「如果有一天我比現在賺了更多錢……」，但這個夢想直到現在已年近花甲，也未能實現，有些夢如今甚至已然消失。成長過程中一直看著父母如此辛勞的傑克，不想把餘生都花在工作上，最後，他許下要在三十代成為百萬富翁的願望。

傑克放棄成爲醫生的理由

就讀醫學院期間，傑克認為自己的未來大概會有兩種面貌。一種是成為他人欣羨的醫生，前途光明。可是一旦成為醫生就無法忽視必須償還的就學貸款，賺的錢也會有一段時間全都得拿去還學貸。對傑克來說，這樣的生活就像倉鼠跑滾輪一樣，一輩子原地踏步沒什麼進展。

另一種是在三十到四十歲的年紀實現財務自由，提早退休。二十歲的時候，傑克在書架上看到一本書，那就是羅勃特．清崎（Robert T. Kiyosaki）寫的《富爸爸，窮爸爸》（*Rich Dad, Poor Dad*），內容講述作者在四十七歲成為富人而退休的過程。作者建議要在年輕時成為富人早早退休，才能擁有更多自由的時間展開中年新生活。這樣一本蒙塵舊書完全改變了傑克的人生目標，他不想讓自己的未來像父母那樣工作到六十五歲，卻沒錢享受人生。

最近在紐約，和傑克有相同想法的人越來越多。這被稱為「FIRE運動（Financial Independence, Retire Early）」，目標是在四十歲左右實現財務自由，提早退休。一般來說，人們會把工作收入的一〇％至一五％存起來，直到六十五歲退休為止。假設一個人工作到六十五歲退休，活到八十歲的話，可以不工作享受人生的時間只剩下十五年。但是上了年紀想要享受人生，就會因為年老體衰、精神不濟等許多限制，很難享受完整的自由生活。所以傑克決定以FIRE運動為人生目標，將收入的五〇％到八〇％

儲蓄起來，然後在三十至三十五歲退休。

他的目標是從現在開始到八年後，他三十五歲時為止，要存到一百萬美元（約台幣兩千七百萬元）。那麼存到一百萬美元之後呢？他的目標就是提早退休，享受青春。光是想像就覺得簡直是天方夜譚，這個目標真的有可能實現嗎？

事實上，真的有人實現了。《財務自由》（*Financial Freedom*）一書的作者葛蘭．薩巴帝爾（Grant Sabatier）二十四歲開始FIRE運動，三十歲之前一直都在工作。他主要靠網路行銷和廣告業務賺錢，但這並不是他真正想要的工作。不過他也藉此賺到比想像中更多的錢，結果只花了五年，他就成功達到存夠一百萬美元的目標。二十九歲實現財務自由的他，三十歲離開父母獨立生活。他能成功地做到FIRE運動的祕訣是什麼呢？他說，這都要感謝「網路」的存在。

「賺錢從來沒有像現在這麼容易，只要有筆記型電腦，隨時隨地都可以賺錢。我是從小接觸網路長大的，所以習慣利用網路賺錢。事實上，我所有錢都是從網路上賺來的，而任何人都抓得住這種機會。」——葛蘭·薩巴帝爾，《財務自由》

葛蘭·薩巴帝爾實現的一百萬美元夢想，對傑克是一大啟發。從醫學院畢業之後，他沒有走上醫生之路，而是投入自己全部財產開了一家泰國餐館。或許有人認為當醫生會過得更好，傑克也不是沒有這麼想過，但他覺得與其一輩子過著「欠債還債」的跑滾輪生活，實踐FIRE運動才更有價值。這就是傑克放棄成為醫生，選擇挑戰FIRE運動的理由。

三十五歲前賺到一百萬美元的方法

從二十一歲開始到現在二十七歲，傑克都在挑戰FIRE運動，堅持把工作賺來的錢一半以上都存起來。如果傑克按照目標在三十五歲退休的話，至少還有三十至四十年可以不用工作，好好享受生活。

既然目標是FIRE運動，那麼經營一家泰國餐館會比當醫生更適合。因為傑克得出的結論是：開泰國餐館，能得到更加穩定的高收益。多虧傑克從尋找店面到研發菜單都認真準備，餐館開門後總是賓客盈門。因為在紐約鮮少有泰國餐館，所以算得上是一種競爭力，吸引各式人種和年齡層的餐點口味，也發揮了很大作用。不只是口碑相傳，傑克在部落格上的積極運作，也對宣傳餐館有很大的幫助。

而且，傑克在經營餐館之餘還努力賺取各種外快。他會趁著沒有客人的時候，坐在筆記型電腦前做別的事情，不會因為有了休息時間就放鬆下來。他逡巡在各種平台上，尋找自己能做的新工作。部落格的經營尤其重要，傑克的主要外快來源，就是透過部落格賺取的廣告收入。像這樣藉著各種副業賺來的錢，傑克全都存了起來。但他不是存進銀行就算了事，也會積極投資房地產、股票、債券等等，周末甚至兼職帶狗散步。

傑克之所以這麼努力工作，是因為根據他的計算，想賺到一百萬美元的話，一天得賺約四百美元（約台幣一萬零八百元）。如果是在一般公司領固定薪水的話，要達到財務自由，至少需要花十到二十年的時間。傑克的目標是在三十五歲前賺到一百萬美元，所以成為身兼數職的斜槓族是在所難免的。

最近實踐FIRE運動的可能性進一步提高，原因就在於第四次工業革命。由於網路和技術的發展，各種工作都可以在平台上交易，因此才有了「斜槓族」的說法。無論個人意願如何，大多數進行FIRE運動的人，只有成為斜槓族才可能儘早達到目標。

但如果以為斜槓族只是身兼兩職、三職的話，那就錯了。在美國，身兼十職以上的人不計其數。前面提到的葛蘭．薩巴帝爾也是藉由身兼十六職賺大錢，成功實現FIRE運動。舉凡Uber和Lyft司機、Postmates送貨員、電動機車充電員、遛狗客、各種部落格和YouTube活動等等，幾乎所有工作他都做過。葛蘭．薩巴帝爾說：

「千禧世代最適合投入FIRE運動，只要有一台筆記型電腦和網路，就可以隨時隨地創造收入。」

平台工作沒有公休日，當「一周工時五十二小時制」正式上路之後，只有平台工作才有可能做到二十四小時全年無休。而且平台不僅進入門檻低，任何人都可以挑戰，再加上做多少賺多少的結構，對進行FIRE運動的人來說，是一個很容易就能找到工作賺錢的地方。

FIRE運動的成功公式——極簡主義

傑克強烈希望能成功實現FIRE運動。在他挑戰的過程中，也完全改變了自己的生活習慣。從四年前開始，他就一直在實踐極端的極簡主義，首先是最大限度地減少支出。他為了節省房租，就和父母住在一起；既然經營泰國餐館，三餐就全在餐館裡解決。以這樣的方式，他做到每周只花一百美元（約台幣兩千七百元）的生活。

過去，別人有的東西，他也全都要擁有才甘心。曾經有段時間，他總是依靠穿華服、開豪車，來讓自己符合社群網站上的形象。然而不知道從什麼時候開始，他發現這些東西不再能取悅自己。他真正想要的生活，不是擁有更多東西，而是翱翔在更寬廣的世界裡。如果想來個說走就走的旅行，就必須讓身心都擺脫物質的束縛。

傑克的房間非常簡單，沒有床鋪或衣櫃之類的家具，他用床墊代替床鋪，甚至充當沙發使用，稱得上收納空間的也只有一個五斗櫃而已。八〇%的衣服都捐了出去，全部只剩下三條牛仔褲、七件襯衫、兩個禮拜分量的內衣褲和襪子而已。一年中頂多只有夏冬兩季會去商場購物一次，有時甚至一整年都不買新東西。大學時期堆滿書房的兩千本書也全部處理掉，只留下自己認為絕對需要的五本書而已。在實踐這種極簡主義的過程中，他也經歷了各種執行上的失誤，但是他說，精簡個人物品是達成財務自由的捷徑。

事實上，存錢最實在的方法就是節流，所以挑戰FIRE運動的人大多極其節省。他們會購買廉價衛生紙，而不買高價衛生紙；幾乎不買新衣，即便要買也只買便宜貨；襪子破洞了，縫縫補補繼續穿；不上昂貴的餐廳用餐，而是買最便宜的食物吃。總而言之，就是像吝嗇鬼一樣生活。但是傑克所說的極簡主義，卻不是像這樣無條件地節省。

「極簡主義是擁有能帶給我快樂的物品，而不是填滿空間的物品，除此之外我什麼都不需要。以這種方式篩檢什麼是能帶給我真正快樂的東西，剩下來的就很有限。」

為未來預做準備的ＦＩＲＥ運動，和彷彿沒有明天只活在當下的ＹＯＬＯ，是千禧世代追求的兩種生活方式，但方式似乎大相逕庭。傑克說，ＦＩＲＥ運動實際上源自ＹＯＬＯ，他之所以會投入ＦＩＲＥ運動，也是為了過自己理想的生活。這兩種生活方式看似正好相反，其實都反映了個人想過著「理想生活」的意願。

今天，傑克一方面實踐不受房子和物欲所束縛的極端極簡主義，一方面也朝著成功實現財務自由和提早退休邁進了一步。

疫情大流行時代，以代買代送存活

僅憑泰國餐館和部落格收入，一天不難賺到四百美元，但是傑克現在面臨了巨大危機，那就是新冠疫情的流行。疫情肆虐了整個二〇二〇年，傑克的退休計畫會不會因此出現差池呢？

傑克的餐館在二〇二〇年開業首月，知名的地方報紙就介紹這裡是紐約州最美味的泰國餐館，還刻意強調只使用當地生產的有機食材。在希望享用對健康和環境有益食物的客人之間，這樣的宗旨建立起好口碑，也有了名氣。那麼，蠶食美國的新冠疫情有沒有對傑克造成影響呢？

值得慶幸的是，傑克認為疫情對他的泰國餐館來說反而是個機會。因為疫情的擴散，傑克的餐館比過去更加忙碌。人們不用出門上班，待在家裡的時間變長，所以餐點外送訂單也多了起來。傑克開始了之前從未想過的餐點外送服務，收入也隨之增加。

不僅如此，傑克也投入新的平台工作。他除了每周在泰國餐館裡工作六十至八十小時，賺取固定收入之外，剩餘時間就在Instacart、Uber Eats和Door Dash等食品配送平台工作。他抽空做平台工作而獲得的收入相當可觀，擔任Instacart的代買代送司機，一個禮拜可以賺到兩百美元（約台幣五千四百元）左右，堅持不懈地做上一個月，就能賺到一千美元（約台幣兩萬七千元）。對於進行FIRE運動的傑克來說，這是相當有吸引力的高收入工作。

在各種平台工作中，傑克趁著疫情期間展開的副業，是利用手機應用程式宅配食品雜貨。為顧客、超市和代買代送司機搭起橋梁的平台Instacart，也被稱為是食品雜貨界的Uber。就如Uber司機將乘客送往目的地一樣，Instacart的司機則代替顧客購買食品雜貨後宅配到府。二〇一二年才成立的Instacart因為新冠疫情的擴散，用戶暴增，二〇二〇年八月時的市占率已經接近五〇%，一躍成為食品雜貨宅配領域的領導者。由於美國新冠肺炎確診和死亡人數以驚人的速度暴增，越來越多人忌諱外出購物，Instacart 才得以有這樣的成長。在窄小的超市裡，一面接觸不特定的人、一面購物的行為，已經超越罹病風險，達到令人恐慌的地步。於是，代替惴惴不安的顧客購買食品雜貨的 Instacart，便開始受到矚目。

Instacart 的系統和 Uber 很類似，顧客只要輸入宅配地址和郵遞區號，就會顯示出八公里內的超市，再點擊自己想要的超市，閱覽該超市所供應的商品目錄後下單訂購。註冊成為代買代送司機的一般民眾，就會到那家超市代為購買，並且在一小時內宅配到府。

那麼什麼人可以成為 Instacart 的代買代送司機呢？答案是：「任何人都可以。」Instacart 會事先將顧客所支付的訂單預估收益（包括小費在內）告知司機，司機只要針對自己接下的訂單執行業務即可，因此可以任選時間、任選工作。無論是上班族、家庭主婦或學生，任何人都可以成為代買代送司機。只是由於要前往指定超市，購買顧客想要的商品後再宅配到府，所以必須要有車。

然而配送食品雜貨時所用的車輛維修費、汽油費、保險費，全都得由代買代送司機自己負擔。因為他們大部分都不是受僱員工，而是兼職工作者。

大多數的平台企業都是僱用臨時工，所以才有所謂「零工經濟」的說法出現，這是指在產業現場根據需要找人，以契約職或臨時職型態僱用的經濟方式。從勞工的立場來看，這可說是非正式僱用，僅為暫時性工作的「臨時工」經濟活動，可以算是新冠疫情大流行時代誕生的不穩定勞動型態。然而這種勞動的暴增，對勞工來說究竟是機會，還是危機？

平台工作，時間就是金錢！

就讓我們跟著傑克看看他擔任 Instacart 代買代送司機的一天。只要註冊成為代買代送司機的話，顧客訂購的食品雜貨、購買清單、配送地址就會出現在司機專用的 APP 上，司機可以直接選擇自己想執行的工作。

傑克有自己的訣竅。首先，他喜歡距離自己所在位置五分鐘車程以內的超市。因為車程一長，賺不到錢的時間就跟著拉長，所以除了超市要近，最好也能在短時間內就抵達顧客的家。而且五分鐘車程內的超市都是他非常熟悉的場所，這對代買工作來說有各式各樣的優點。剛開始工作的時候，傑克不加思索地就到沒去過的超市代買，但光是在那家超市裡掌握顧客要購買物品的位置，就花了超過三十分鐘。對傑克來說，這些時間不是在賺錢，而是在扔錢。

因為那次經驗，傑克才會喜歡去自己熟悉的超市，所有商品位置瞭若指掌，可以快速完成購買工作。另外，傑克也會避開超市人多的時間和人潮大量湧入的周末，因為會浪費許多時間在排隊結帳。而且，如果可以的話，他喜歡配送購買物品件數少的訂單，因為物品件數越少，就能節省越多的時間。

最後，傑克說車開快一點也會有幫助。交通規則和安全當然是最優先的考量，這是一定的，因此要利用捷徑或較不塞車的時段工作。車開快一點就能快點完成訂單、快點賺到錢、快點接下新的訂單。

傑克在擔任代買代送司機時，總是牢記「時間就是金錢」這句話，所以工作時一定穿著運動鞋，這樣才能快速走動。另外，工作時要用到手機，為了避免手機電池耗盡而出糗，他會特別注意充電，一定會帶著備用電池以防萬一。還有就是在開始工作前先吃飽飯，車內也一定要常備飲用水。因為工作途中肚子餓去吃飯的話，也等於在妨礙賺錢。

東西買好以後，接著就是把物品送到顧客家門前。因為疫情關係，非面對面配送已經成了慣例。只要把食品雜貨送到顧客家門前，再拍照傳給顧客就算結束。像這樣工作一小時，傑克賺到的錢為十五美元（約台幣四百零五元）。

代買代送司機的使命就是讓顧客滿意！

新冠肺炎帶給我們的日常生活許多改變，最大的變化便是「無接觸」（UN-TACT）生活。只要在家裡上網，所有東西就能宅配到府。傑克將代買代送最理想的工作時間訂為一小時，這樣工作一個小時就能賺進十五美元（約台幣四百零五元），比超市員工的時薪十二美元（約台幣三百二十四元）還稍微高了一點。

平台工作不只是時薪比固定職來得高。超市員工不管動作有多快，工作有多認真，也無法賺到更多的錢，因為他們的時薪已經是固定的了；相反地，代買代送司機只要車開快一點，跑得或走得快一點，早點買完顧客想要的東西送到家門口，就能賺進更多的錢。

最重要的是超市員工受僱於超市，所以一整天都得在超市裡工作，但代買代送司機卻可以「任選時間、工作量隨意」，自由且有彈性地工作，因此有許多主婦或學生都喜歡這份兼職工作。Instacart 代買代送司機已經被公認是既可以有效地管理時間，還能賺取高收益的工作。

對 Instacart 的司機來說，最重要的就是顧客的滿意度，因此必須做到正確購買顧客指定的物品，再安全配送到家門前。人們之所以願意支付訂購商品總額二五％的高額手續費和小費來使用 Instacart，原因也在此。代買代送司機的小費雖然被訂為五％，有時顧客也會支付更多金額做為小費。

Instacart 也有星級評分，代買代送司機也擺脫不了用戶的評價。由於司機的經歷都暴露在顧客眼前，因此要不斷進行潛在的競爭。

顧客可以利用網路和全球定位系統，即時得知代買代送司機進行的情況，也可以透過聊天方式與司機溝通。例如，顧客要買的商品在指定超市裡告罄的話，司機就可以詢問顧客是否要替換成其他商品。此外，司機為了確認買到的東西是否就是顧客想要的，也會拍照傳給顧客，確認顧客的回覆。像這樣貼心仔細又快速採購的行為，就是司機個人的競爭力，而顧客的滿意度則對收入有直接的影響。

Instacart 會事先將顧客所支付的各訂單預估收益（包括小費在內）告知代買代送司機，所以司機是在知曉工作代價的情況下接單的。萬一司機連續拒絕好幾件訂單的話，演算法就會判斷該司機目前沒有上班的意願，也就不會繼續提供新的訂單。為了防止這種情況發生，代買代送司機也只好勉為其難地接下收益低的訂單。

傑克如果整天只做代買代送工作的話，一天收入大約兩百美元（約台幣五千四百元），這些錢會全部存起來。要不是新冠疫情，從沒想過將代買代送工作當成主要收入來源的傑克，挑戰一百萬美元的行動，現在也仍在持續中。

新冠疫情引發失業亂象，導致許多人被迫縮短工時，如果將這些人也包括在內的話，平台工作者的人數可說呈現爆炸性的增長。在這樣的趨勢下，會有越來越多平台企業趁勢而起。那麼受新冠疫情影響而提早實現的平台工作，會有什麼樣的未來呢？是否真的會在未來取代正職工作，成為主流呢？

國家圖書館出版品預行編目 (CIP) 資料

滿意的話，請給我五顆星！: 零工經濟時代，外送宅配、寵物保姆、清潔打掃、外包接案，10 個你不知道的平台勞動者困境與難題 / 柳慶鉉，俞秀珍著；游芯歆譯. -- 初版. -- 臺北市：今周刊出版社股份有限公司，2023.09

288 面；14.8X21 公分. -- (Unique；63)
譯自：별 다섯 개 부탁드려요！21 세기 신인류，
플랫폼 노동자들의 '별점인생' 이야기
ISBN 978-626-7266-32-8(平裝)

1.CST: 勞工 2.CST: 勞動問題

556　　112010641

Unique 63

滿意的話，請給我五顆星！

零工經濟時代，外送宅配、寵物保姆、清潔打掃、外包接案，10 個你不知道的平台勞動者困境與難題

作　　者　柳慶鉉（Yoo kyunghyun）、俞秀珍（Yu Soojin）
譯　　者　游芯歆

總 編 輯　許訓彰
特約主編　蔡緯蓉
封面設計　Bianco Tsai
內文排版　陳姿伃
校　　對　陳家敏

行銷經理　胡弘一
企畫主任　朱安棋
行銷企畫　林律涵、林苡蓁
印　　務　詹夏深

發 行 人　梁永煌
社　　長　謝春滿

出 版 者　今周刊出版社股份有限公司
地　　址　台北市中山區南京東路一段 96 號 8 樓
電　　話　886-2-2581-6196
傳　　真　886-2-2531-6438
讀者專線　886-2-2581-6196 轉 1
劃撥帳號　19865054
戶　　名　今周刊出版社股份有限公司
網　　址　http://www.businesstoday.com.tw

總 經 銷　大和書報股份有限公司
製版印刷　緯峰印刷股份有限公司
初版一刷　2023 年 9 月
定　　價　350 元

Unique

Unique